<그리스도인이면 꼭 알아야 할 성경 지식>

바른 성경 바른 교리

서울솔로몬학교 성경연수원

차 례

이 책에 인용된 성경 구절은 〈한글킹제임스성경〉입니다.

제1과
하나님의 섭리로 보존된 성경의 역사

『**주**의 말씀들은 순수한 말씀들이라. 흙 도가니에서 단련되어 일곱 번 정화된 은 같도다. 오 **주**여, 주께서 이 말씀들을 간수하시리니 주께서 이 세대로부터 영원토록 그것들을 보존하시리이다』(시 12:6,7)

성경 보존에 관한 평범한 믿음

성경대로 믿는 사람이라면 누구나 갖고 있는 "평범한 믿음"이 있다. 이런 평범한 믿음을 소유한 사람은 다음 "세 가지 사실"을 믿는다. 첫째, 성경은 하나님의 영감으로 무오하게 기록되었다. 둘째, 그렇게 기록된 성경은 시대를 거쳐 오면서 하나님의 섭리 가운데 집대성되고 보존되었다. 셋째, 성경대로 믿는 성도가 현재 사용하고 있는 성경은 그것이 필사본이든, 번역본이든 처음 원본과 동일한 권위를 지닌 하나님의 말씀이다. 이런 올바른 믿음을 지닌 그리스도인은 하나님께서 성도들에게 읽고 묵상하고 공부하고 믿고 전파하고 실행하라고 주신 바르게 보존된 성경이 어떤 성경인지 올바르게 분별한다.

하나님께서는 친히 보존하신 성경을 통해 하나님의 말씀을 보존하시겠다고 약속하셨다. 하나님께서 영감으로 기록하신 것만 믿고 섭리로 보존하신다는 약속을 믿지 않는 사람은 성경을 하나님의 말씀이라고 믿는 사람이 아니다. 성경에는 하나님의 말씀이 섭리로 보존된다는 성경적인 근거가 여러 구절에서 발견된다.

『너희는 내가 너희에게 명령한 그 말씀에 더하지도 말고, 거기에서 빼지도 말고, 내가 너희에게 명령하는 **주** 너희 하나님의 계명들을 지킬지니라』(신 4:2).

『하나님의 모든 말씀은 순수하니, 그는 자기를 신뢰하는 자들에게 방패시니라. 너는 그분의 말씀들에 더하지 말라. 그분이 너를 책망하실까 함이며, 네가 거짓말쟁이가 될까 함이라』(잠 30:5,6).

『진실로 내가 너희에게 말하노니, 하늘과 땅이 없어지기 전에는 율법의 일점 일획도 모든 것이 이루어질 때까지 결코 없어지지 아니하리라』(마 5:18).

보존된 "구약 성경"의 계보

하나님께서는 구약 성경을 "제사장들"을 통해 보존하셨다. 제사장들에게는 "세 가지 임무"가 주어졌는데, 첫째, 율법을 맡고 보존하는 임무를 맡았다(신 31:24-26). 둘째, 율법의 말씀을 읽어 주는 안내자요, 그 의미가 무엇인지 가르쳐 주는 교사의 역할을 수행했다(신 31:9-13). 그뿐 아니라 이스라엘의 왕들과 통치자들이 사용할 수 있도록 율법의 정확한 복사본을 만드는 일을 관리했다(신 17:18,19). 셋째, 율법뿐 아니라 시편을 분류하고 기록하고 노래했다(대상 6:32-48, 대하 7:6; 23:18; 29:30).

이와 같은 방법으로 구약 성경은 "**제사장들**"에 의해 주의 깊게 보존되었는데(cf. 스 7:10,11, 말 2:7, 롬 3:1,2), 초림 당시 예수 그리스도의 지상 사역 때까지 아무런 오류 없이 잘 보존되었으며, 이후 A.D. 70년 예루살렘이 파괴될 때까지 유대 땅에서 "**레위인들**"에 의해 신실하게 보존되었다. 그러나 A.D. 70년에 로마의 "티투스 장군"에 의해 예루살렘이 파괴되고 유대인들이 전 세계로 흩어지자 "구약 성경"은 유대 땅을 벗어나 "**아라비아**"에서 보존되었고, 이후 "모슬렘들"이 스페인을 침공한 다음에는 스페인과 독일을 위시하여 유럽으로 전수되었다. 특히 "**모세 벤 나흐만**"(Moses Ben Nachman) 같은 성경대로 믿는 유대인들에 의해 구약 성경 본문이 온전히 보존되었다.

한편 초기 유대인 서기관들을 "타나임"(Tannaim)이라고 불렀는데, 이들 서기관들은 구약 성경을 정확하게 필사했다. 이러한 작업은 이후에 등장한 또 다른 그룹의 서기관들, 곧 "아모라임"(Amoraim, "해설자들")에게 전수되었고, 이들 다음으로는 6세기경에 등장한 "마소라들"(Masoretes, "전통주의자들")이 그 사역을 계승했는데, 이들에게서 구약 성경 "**히브리어 마소라 원문**"(the Hebrew Masoretic Text)이 형성되었다. 특히 이들 "마소라들" 가운데 "**티베리아 마소라들**"에 의해 히브리어 본문이 잘 보존되었는데, 그중에서도 "벤 아세르 집안"에 의해 "올바른 원문"이 전수되었고 그 대표자가 바로 "**모세 벤 아세르**"(Moshe Ben Asher)였다. 무엇보다도 A.D. 895년에 출간된 "**모세 벤 아세르의 히브리어 마소라 원문**"이 성경대로 믿는 그리스도인들에 의해 수용되었는데, 이 히브리어 원문을 "**코덱스 카이렌시스**"(Codex Cairensis)라고 부른다.

이후 시간이 흘러 성경이 인쇄되기 시작했는데, 이렇게 인쇄된 "마소라 원문"을 가리켜 "**전통원문**"(the Traditional Text)이라 부른다. 처음으로 인쇄된 것은 1477년으로 "시편"만 출간되었고, 1488년에는 "구약 성경 전체"가 인쇄되었으며(제1판), 1491년에는 두 번째 판(제2판)이, 1494년에는 세 번째 판(제3판)이 각각 출간되었다. 그리고 이렇게 출간된 구약 성경 본문은 "히메네스"(Ximenes)에 의해서 편집된 "**콤플루텐시안 폴리글롯**"(Complutensia Polyglot)으로 보존되었고, 이후 1524-1525년에는 "야곱 벤 하임"(Jacob Ben Hayyim)이 편집하고 "다니엘 봄베르그"(Daniel Bomberg)가 베니스에서 출간한 "**야곱 벤 하임의 마소라 원문**"(제2랍비성경)이 등장했다. 이처럼 "올바르게 보존된 구약 성경 본문의 맥"은 "**모세 벤 아세르의 히브리어 마소라 원문**"과 히메네스가 편집한 "**콤플루텐시안 폴리글롯**," "**야곱 벤 하임의 마소라 원문**"으로 이어져 나갔고, 결국 이것이 1611년 〈킹제임스성경〉의 번역자들에 의해 구약의 번역 저본을 위한 히브리어 원문으로 수용되었다.

보존된 "신약 성경"의 계보

<u>하나님께서는 신약 성경을 "영적 제사장들"(벧전 2:5,9)인 "거듭난 그리스도인들"을 통해 보존하셨다. 특히 "다수 필사본"을 통해 보존하셨다</u>. "필사본들"은 크게 "두 계열"로 구분할 수 있는데, 시리아 안티옥을 중심으로 섭리로 보존되어 나간 "시리아 계열의 필사본들"과 이집트 알렉산드리아를 중심으로 변개되어 나간 "알렉산드리아 계열의 필사본"으로 구분할 수 있는 것이다. 바르게 보존된 신약 성경 원문은 "안티옥 교회"를 중심으로 필사되고 확산되면서 "소아시아" 및 "지중해 연안 지방"으로 확산되어 나갔고 "콘스탄티노플"을 거쳐 "독일"과 "영국" 등지로 전해졌다.

한편 2003년 기준으로 그때까지 발견된 필사본들의 수는 전체 5,735개이다. 이 필사본들 중에서 80-90%가 바르게 보존된 원문을 필사한 시리아 계열로 구분되어 "다수 필사본"을 구성한다. 특히 방대한 양의 헬라어 신약 성경 필사본들의 대다수가 서로 밀접하게 일치하고 있어서, 그 필사본들이 보존된 신약의 원문들을 기록하고 있다는 것에 대한 증거로 제시할 수 있다. 근대 비평가들은 이러한 "<u>다수 필사본</u>"을 가리켜 "<u>비잔틴 원문</u>"(Byzantine text)이라고 부르는데, 이는 이 다수의 원문들이 "<u>비잔틴 제국 기간</u>"(312-1453년) 동안 거의 모든 지역에서 일반적으로 널리 사용된 "헬라어 신약 원문"이었기 때문이다. 이 원문은 종교 개혁 이전에 수세기 동안 "헬라어를 모국어로 사용하는 그리스도인들을 위한 성경"으로 군림해 왔다.

"원문비평학"의 아버지요 헬라어 신약 원문의 절대 다수인 "비잔틴 원문"에 대한 열렬한 수호자 "존 윌리엄 버간"(John William Burgon)은 이 원문을 가리켜 "<u>전통 원문</u>"(Traditional Text)이라고 명명했는데, 이는 그 보존된 원문이 사도들의 시대 이래로 계속해서 "하나님의 교회" 안에 끊임없이 세대에 세대를 거쳐 온전히 전수되었기 때문이다. 즉 "전수되었다"는 의미에서 특별히 "전통" 이라는 말을 사용한 것이다.

어쨌든 이러한 "다수 필사본," 곧 "비잔틴 원문" 또는 "전통 원문"이 수세기 동안 단절되지 않고 원문의 전수가 그대로 이루어졌는데, 안티옥에서 시작한 보존된 필사본들은 요한계시록이 기록된 지 채 50년이 되기도 전에 "시리아어"와 "라틴어"로 번역된 초기 번역본으로 이어졌다. 그중에서도 특히 〈구라틴역본〉이 유럽과 아프리카로 전해졌는데, 그 결과 2세기 전에 이미 유럽과 아프리카에 올바른 필사본이 전해질 수 있었다. 이런 필사본들이 A.D. 157-180년에는 "**북부 이태리 교회**"에서 사용되었고, A.D. 177-200년에는 "**프랑스 골 교회**"에서, A.D. 200년에는 "**시리아 교회**"에서, A.D 300년에는 "**켈트 교회**"에서, A.D. 400년에는 "**발칸과 독일 지역의 교회들**"에서 사용되었고, 특히 A.D. 312-1453년의 "**비잔틴 제국 기간**"에는 "그리스 교회들"을 비롯한 제국의 거의 모든 교회에서 사용되었다.

그런 가운데 성경이 인쇄기를 통해 인쇄되기 시작함에 따라 "다수 필사본"을 근거로 "헬라어 성경"을 편집하는 사람들이 등장했는데, 그렇게 형성된 것이 바로 "**헬라어 표준 원문**"이다. 여기서 "표준 원문"(Textus Receptus), 곧 "**텍스투스 레셉투스**"란 말은 "받아들여진 원문"(The Received Text)이란 뜻인데, 이는 성경대로 믿는 그리스도인들에 의해 널리 수용되고 받아들여졌다는 의미에서 사용된 표현이다. 종교 개혁자들은 성경의 유일하고 절대적인 권위를 믿었는데, 그들이 사용했던 성경이 바로 이 "헬라어 표준 원문"이었다. 이렇게 "헬라어 표준 원문"으로 편집한 신실한 편집자들로는 "히메네스," "에라스무스," "로버트 스테파누스," "데오도르 베자," "보나벤처 엘지버" 등이 있다.

"**에라스무스**"는 전 생애 동안 하나님의 은혜 가운데 많은 여행을 하면서 많은 성경 필사본들을 찾고 연구할 수 있었는데, 특히 그가 편집한 여러 판본 중에서 1535년에 출간한 "제5판"은 이후 모든 판본들의 기준이 되었다. "**로버트**

스테파누스"가 헬라어 성경을 출간했을 때 로마카톨릭은 강력한 반발을 일으켰다. 특히 그가 펴낸 여러 판본들 가운데 1551년에 출간한 "제4판"에서는 성경의 "절"이 처음으로 나뉘게 되었다(참고로 성경의 "장"은 13세기경에 "스테판 렝톤"에 의해 처음 구분되었음). "**데오도르 베자**"도 올바른 헬라어 성경을 편집했는데, 1598년에 출간된 "제5판"은 영어 〈킹제임스성경〉의 저본으로 사용되었다. "**보나벤처 엘지버**" 역시 바른 믿음을 가지고 헬라어 표준 원문을 편집했는데 그는 "제2판" 서문에 다음과 같이 기록했다. "그러므로 당신은 지금 그 표준 원문 안에 바꾸거나 변개시킨 것이 아무것도 없는 원문, 곧 **모두가 받아들인 원문**을 가지고 있다." 바로 여기에서 "표준 원문"(Textus Receptus)이라는 말이 유래되었다. 이상 살펴보았듯이 "헬라어 표준 원문"은 1534년의 "콜리네우스성경," 1535년의 "에라스무스의 제5판," 1551년의 "스테파누스의 제4판," 1598년의 "베자의 제5판," 1633년의 "엘지버성경" 등으로 보존된 신약 성경의 맥을 이어 나갔다.

바르게 보존된 "번역본들"

필사본들이 보존되고 확산되면서 "바르게 보존된 번역본들"도 등장하기 시작했는데, 〈구시리아어역본〉(A.D. 120-150)과 "페쉬타"(The Peshitta), 〈구라틴어역본〉(A.D. 120-150)은 2세기 초에 번역된 것으로 "헬라어 표준 원문"과 영어 〈킹제임스성경〉, 〈한글킹제임스성경〉과 일치하는 보존된 성경이다. 이 두 번역본 외에도 초기 번역본들 중에서 현재의 〈한글킹제임스성경〉처럼 보존된 성경은 "울필라스"(Ulfilas)가 고트어 알파벳을 만들면서 번역한 〈고트어역본〉(A.D. 330), "메슬롭"(Mesrob)이 아르메니아어 알파벳을 만들면서 번역한

〈아르메니아어역본〉, 〈그루지아어역본〉(A.D. 440), "싸이릴"(Cyril)과 "메도디우스"(Methodius) 형제가 슬라브어 알파벳을 만들어 번역한 〈슬라브어역본〉(A.D. 792-816) 등이 있다.

그 이후로는 1525년에 영어로 〈틴데일성경〉이 출간되었고, 1534년에는 헬라어 표준 원문에서 독일의 〈루터성경〉이 번역 출간되었다. 그리고 1535년에는 프랑스의 〈올리베탄성경〉이 출간되었고, 같은 해에 영어로 된 〈커버데일성경〉이, 1537년에는 〈매튜성경〉이, 1539년에는 〈그레이트성경〉이, 1560년에는 〈제네바성경〉이, 1602년에는 〈비숍성경〉이 출간되었다. 이와 같은 해에 스페인의 〈레이나발레라성경〉이 나왔고, 1607년에는 이탈리아의 〈디오다티성경〉이 출간되었다. 그리고 1611년에는 〈킹제임스성경〉이 출간되었다. **필라델피아 교회 시대를 꽃피운 〈킹제임스성경〉을 사용한 신실한 그리스도인들, 곧 영적인 거장들은 이루 말할 수 없이 많았는데**, 쯔빙글리, 존 낙스, 형제회, 칼빈, 메노나이츠, 재침례교도, 스페너, 진젠도르프, 모라비안, 요한 웨슬리, 조지 휫필드, 폭스, 리빙스턴, C.T. 스터드, 찰스 피니, 조지 뮬러, D.L. 무디, 찰스 스펄전, 펨버, 클라렌스 라킨, R.A. 토레이, J. 프랭크 노리스, 아이언사이드, C.I. 스코필드, 벌링거, 윌버 채프만, M.R. 디한, 밥 존스 시니어, 그래이, 잭 하일즈 등이 모두 하나님의 섭리 가운데 온전히 보존된 〈킹제임스성경〉을 사용한 신실한 그리스도인들이었다. **이들이 사용했던 영어 〈킹제임스성경〉의 뒤를 이어 1994년에는 한국에서 〈한글킹제임스성경〉이 번역되어 출간되었다**.

"성경의 최초의 기록이 하나님에 의해 '문자' 하나, 하나가 영감 받았다는 사실을 믿는다면, 필연적으로 그 기록들은 시대를 통해 섭리 가운데 보존되어 있어야 한다"(존 윌리엄 버간). "영감으로 기록되고 섭리로 보존된 사실을 믿는 것은 그리스도인의 순수한 믿음일 뿐만 아니라 논리적인 믿음이다"(에드워드 힐스). 이것이 바로 우리의 믿음이다!

2천 년간의 교회사에서 1500년에서 1900년 사이에 펼쳐진 "위대한 부흥"의 시대요 "열린 문"의 시대이자 "영적으로 가장 찬란한 시대"인 "필라델피아 교회 시대"에 전 세계를 누비며 복음과 진리의 기치를 드높였던 믿음의 용사들은 오직 〈킹제임스성경〉 한 가지 책만을 믿었고, 이 책만을 읽고 묵상하고 암송했으며, 이 책만을 설교하고 가르쳤다. 무엇보다도 그들은 거리설교자들이요 구령자들이었다! 그들이 맺은 "구령의 열매"는 〈킹제임스성경〉에서 비롯된 열매였다. 그 위대한 증인들은 그리스도의 위대한 군사들로서 역전의 노장들이었다. 그들은 산이며, 평원이며, 사막이며, 바다며, 장소를 가리지 않고 누비면서 영적 전쟁을 치렀고, 순교자의 무덤에 그들의 몸을 내던졌다. 그들의 인생은 한마디로 말해서 그들이 풀어 준 죄악의 쇠사슬과 그들이 해방시켜 준 사람들과 그들이 성경을 통해 풍성하게 배불리 먹여 준 영적으로 굶주린 혼들과 그들이 성경을 통해 변화시킨 수많은 이교도들로 설명될 수 있다. 그들은 생활의 모든 면에서 예수 그리스도를 드러냈고, 그들의 인생 여정은 교회에서 보낸 시간들과 영적인 제단에서 외친 힘찬 찬양 소리들 그리고 무릎을 꿇고 간절히 기도를 드리며 흘린 눈물로 엮어져 있었다. 그들은 오직 한 가지 책만을 믿었고 그 책을 설교했으며 그 책을 암송했고 그 책을 가르쳤다. 바로 그 책, 곧 바르게 보존된 성경의 계보를 잇는 〈한글킹제임스성경〉이 한글을 모국어로 사용하는 그리스도인들의 두 손에도 들려 있다는 사실을 항상 잊지 않고 감사하길 바란다.

NOTES

제2과

사탄의 종들인 성경 변개자들

『우리는 하나님의 말씀을 변개시킴으로써 *이익을 취하는* 여러 사람들과 같지 않고 오직 성실함으로써 또 하나님께로부터 난 자로서 하나님 앞에서와 그리스도 안에서 말하노라』(고후 2:17).

성경을 변개시킨 사탄의 종들

하나님께서는 오직 한 가지 성경만을 쓰셨다. 하나님께서 인간을 사용하여 기록하신 유일한 성경은 두 가지 언어로 기록되었는데, 구약은 히브리어로, 신약은 헬라어로 기록되었다. 하나님께서 히브리어와 헬라어로 기록된 오직 한 가지 성경에만 영감을 불어넣으셨으며 그 성경을 섭리로 보존하셨다. 그런데 마귀는 자신의 종들을 사용해 하나님의 이 거룩한 말씀을 변개시킴으로써 성도들에게서 혼란을 가중시켰다. 따라서 그리스도인들은 올바른 분별력을 갖기 위해 성경을 변개시켜 혼란을 가중시킨 사탄의 종들이 누구이고 그들이 어떤 열매를 내었는지 알아야 한다.

성경 변개에 대한 하나님의 경고

하나님께서는 성경 변개에 대해 경고하셨다. B.C. 600년경에 선지자 예레미야를 통해 경고하셨다. 『**경이롭고 무서운 일이 그 땅에서 행해지는도다. 선지자들은 거짓되이 예언하고 제사장들은 그들의 권력으로 다스리며 내 백성은 그렇게 하는 것을 사랑하니 그 마지막에는 너희가 어찌하려느냐?**』(렘 5:30-31) 『**내가 이 선지자들을 보내지 아니하였음에도 그들이 달리며 내가 그들에게 말하지 아니하였는데도 그들이 예언하였도다**』(렘 23:21). 『**주가 말하노라. 그러**

므로 보라, 각기 자기 이웃으로부터 내 말들을 도둑질하는 선지자들을 내가 대적하노라』(렘 23:30).

A.D. 60년경에는 사도 바울이 성경 변개에 대해 경고했다(고후 2:17). 사도 바울 당시에도 오늘날처럼 자신들이 변개시킨 말씀을 내다팖으로써 돈을 버는 자들이 있었다. 성경 변개는 어제오늘의 일이 아니라는 얘기다. 성경 변개자들은 기만하는 일꾼들이요 자신들을 그리스도의 종들로 가장하는 자들로서, 그들의 배후에는 빛의 천사로 가장하는 사탄이 있다. 사탄의 종들이 의의 종들로 가장하여 성경을 변개시키는 것은 결코 놀라운 일이 아니다(고후 11:13-15).

성경은 말씀을 변개시키는 사탄의 종들에게 성경의 앞부분과 중간과 맨 마지막에서 경고하고 있다. 『**너희는 내가 너희에게 명령한 그 말씀에 더하지도 말고, 거기에서 빼지도 말고**』(신 4:2). 『**너는 그분의 말씀들에 더하지 말라. 그분이 너를 책망하실까 함이며, 네가 거짓말쟁이가 될까 함이라**』(잠 30:6). 『**또 누구든지 이 예언의 책의 말씀들에서 삭제하면 하나님께서 생명의 책과 거룩한 도성과 이 책에 기록된 것들에서 그의 부분을 제하여 버리시리라**』(계 22:19).

이 말씀들은 성경 변개를 감시하는 성경 자체 내의 세 파수꾼이다. 그 누구보다도 "말씀" 자신이 인간의 더러운 손길에 의해 훼손될 것을 미리 내다보시고 경고한 것이다. "경고"는 "범죄의 가능성"을 염두에 두고 미리 주의를 주는 일이다. 인간은 그 경고의 말씀들을 무시한 채 변개를 자행했다. 그들이 변개시킨 성경들에 위의 세 파수꾼이 남아 있다는 사실은 그들이 그 구절들을 읽고서도 무시했으며 과감히 변개를 실행에 옮겼다는 점을 보여 준다.

■ 새롭게 깨달았거나 적용할 내용이 있다면 적어 보세요. ■

하나님께서 보존하신 성경과 변개된 성경

하나님께서는 한 가지 성경만을 쓰셨습니다.
하나님께서 보존하신 성경과 변개된 성경은 그 역사부터 다릅니다.

하나님께서 보존하신 성경 (시 12:6.7)	사탄의 종들이 변개한 성경 (고후 2:17)
히브리어 마소라원문 헬라어 표준원문 ⬇ 구시리아 / 구라틴 역본(A.D.120-150) ⬇ 북부 이탈리아 교회에서 사용한 성경 (A.D. 157-180) ⬇ 골 교회에서 사용한 성경(A.D. 177-200) ⬇ 켈트 교회에서 사용한 성경(A.D. 300) ⬇ 발칸과 독일 지역에서 사용한 성경 (A.D. 400) ⬇ 비잔틴 제국 기간동안 희랍 교회들에서 사용한 성경 (A.D. 312-1453) ⬇ 인쇄된 헬라어 표준원문 : 에라스무스 성경(1516), 스테파누스 성경(1551), 베자성경(1598) 엘지버 성경(1633) ⬇ 틴데일 성경(1525) ⬇ 루터성경(1534) ⬇ 킹제임스성경(King James Bible, 1611) ⬇ **한글킹제임스성경(1994)**	바빌론의 신비 종교, 철학 ⬇ 오리겐(A.D. 184-254)의 헥사플라 제5란 70인역 ⬇ 유세비우스가 50권의 복사본을 만듦 바티칸 사본(A.D. 350) 시내 사본(A.D. 350) : "외경"포함 ⬇ 제롬의 라틴 벌게이트(A.D. 415) ⬇ 예수회의 림즈 듀웨이 성경(1582) ⬇ 비평가들이 편집한 헬라어 성경들 : 그리스바흐(1812), 라흐만(1851), 트레겔레스(1872), 티센돌프(1874) ⬇ 웨스트코트와 홀트의 헬라어성경(1881) 영어 개역본(RV, 1885), ASV(1901), RSV(1952) ⬇ 네슬판 헬라어 성경 1-27판(1898-1993) NASV(1971), NIV(1978), NKJV(1982) ⬇ 한글 개역성경(1961) 개역개정판(1998)

성경 변개의 역사

성경 변개의 역사는 이집트의 알렉산드리아에서 "**알렉산드리아 계열**"로 불리는 필사본들을 통해서 시작된다. 알렉산드리아라는 지명은 성경에서 세 번 언급되는데 모두 부정적으로 언급된다(행 6:9; 18:24-26). 이곳에서 3세기 초 "교리문답학교"를 세운 클레멘트는 세상 철학을 기독교 신앙에 접목시킨 사람으로 부패한 필사본을 수집했다. 새미국표준역본(NASV)는 바로 이 클레멘트가 수집하였던 그 원문에 기초하고 있는데, **이는 학자들이 오래된 원문이 가장 정확하다는 이상한 편견에 사로잡혀 있기 때문이다**.

알렉산드리아 학파에서 가장 잘 알려진 사람은 클레멘트를 추종했던 "**오리겐**"이다. 그는 당대 가장 영향력 있는 "학자"였으며, 헥사플라(Hexapla, 6란성경)라고 부르는 성경을 편수한다. 그 중 5란이 "**70인역**"으로 알려진 그 성경이다. 각 난은 다른 역본들을 담고 있었는데 오리겐은 "에비온주의"와 같은 자신의 헬라철학 사상과 맞지 않는 성경 말씀들을 계속해서 변개시켰으며, 하나님의 말씀을 풍유적 혹은 은유적으로만 해석했다. 더욱이 그는 오늘날 여호와의 증인들처럼 예수 그리스도를 하나의 피조된 신으로 믿는 등 세간에는 추앙받지만 실상 오리겐은 신학에서는 물론 원문비평학에 있어서도 전혀 신뢰할 수 있는 사람이 아니다. 그런데 이런 사람에 의해 알렉산드리아 계열의 변개된 필사본들이 나오게 된다.

더욱이 오리겐은 A.D. 231년에 알렉산드리아에서 카이사랴로 이주해 그곳에 새로운 본거지를 만들고는 그곳에서 초기 시리아 본문과 라틴어 본문을 알렉산드리아의 본문과 혼합하면서 "**카이사랴 계열**"의 본문들을 만들어 낸다. **변개된 알렉산드리아 계열과 카이사랴 계열의 필사본들이 모두 오리겐으로부터 시작하는 것이다**. 피터 럭크만 박사는 카이사랴 계열을 일종의 다크호스로 묘사한다. 왜냐면 한번도 독립된 원문 계열로 존재한 적이 없기 때문이다. 실제로 폰 소덴이라는 학자는 전통원문의 계열의 필사본들을 빼내어 카이사랴 계열로 편입시켜 사람들을 혼란스럽게 만들고 있다. 이 모든 것은 전통원문의 권위를 약화시키려는 목적을 가지고 있는 것이다.

이후 정치적인 이유로 기독교를 공인한 콘스탄틴 황제가 성경 제작을 명령했고 오리겐의 추종자 "유세비우스"가 앞서 오리겐이 변개시킨 성경 50권의 복사본을 만듦으로써 변개된 성경이 확산되기 시작한다. 여기서 "바티칸 사본"과 "시내 사본"이 나오는데 특히 시내 사본은 허마의 목자서나 바나바 서신 등의 외경을 담고 있으며 변개된 디다케 등을 담고 있다. 즉 구약에는 외경을, 신약에는 위경을 담고 있는 것이다.

5세기 초 "제롬"은 다마수스 1세 교황의 명을 받들어 로마카톨릭의 교리를 옹호하는 성경을 라틴어로 번역해 낸다. 이 성경이 바로 제롬의 라틴 벌게이트이다. 1546년 트렌트 공회에서는 이 성경의 권위를 인정하고 로마카톨릭의 공식 성경으로 채택한다. 교황은 외경들에 죽은 자들을 위한 기도와 술을 마시는 것이 성경적임을 증거해 주는 구절이 들어있음을 알고 제롬에게 외경을 넣게 해 7권의 외경이 성경 안에 삽입되게 된다. 제롬의 변개된 라틴 벌게이트를 1582년에 영어로 번역한 것이 바로 림즈 듀웨이(두에랭스)성경이다.

1881년 영국에서는 케임브리지대학의 두 교수 "웨스트코트"(Brooke Foss Westcott)와 "홀트"(Fenton John Anthony Hort)가 헬라어 원문으로 된 두 권의 새로운 신약성경을 출간한다. 이들은 오리겐, 유세비우스, 제롬으로 이어지는 변개된 원문을 신약성경의 근간으로 사용했는데도 불구하고 1881년에 영국의 성경개정위원회에서는 급기야 이들의 헬라어 본문을 채택해 1885년에 영어 개역본을(RV) 출간한다. 이 개역본은 1901년 미국표준역본(ASV)과 거의 일치하고 있으며 또한 오늘날의 새미국표준역본(NASV)와도 거의 유사한 특징을 보인다. 1898년부터 1993년까지는 네슬의 변개된 헬라어 성경이 27판까지 나오며 지속해서 새미국표준역본(NASV, 1971), 새국제역본(NIV, 1978), 뉴킹제임스성경(NKJV, 1982) 등 변개된 성경의 맥을 이어 나간다. 이 변개된 알렉산드리아 계열의 헬라어 원문들에서 여호와의 증인들의 성경(NWT, 신세계역본)이 나오는데 결국 우리나라의 개역성경을 비롯해 오늘날의 거의 모든 현대 번역본들의 원본으로 사용되게 된다.

성경 변개의 원흉 오리겐

성경 변개에 가장 두드러진 역할을 한 사람은 오리겐이다. 오리겐은 학자들에 의해 탁월한 신학자로 소개되고 있지만, 사실 그는 예수 그리스도의 구원 교리를 부인하고 그리스도의 도덕률만을 받아들이는 에비온파로서 그리스도인이 아니었다.

◆ 예수 그리스도의 신성을 부인한 에비온파 ◆

에비온파는 초대 교회 때의 이단이다. 그들은 예수님을 메시아로 보았지만, 그분께서 하나님의 아들이시라는 사실은 부정했다. 주님의 신성과 동정녀 탄생을 부인한 그들은 유대인의 율법과 의식을 따를 필요성을 주장했다. 히브리어로 된 마태복음 하나만을 사용했고, 예수님의 동생인 야고보를 경외했으며 사도 바울을 율법을 거역한 배교자로 여겼다.

오리겐은 예수 그리스도께서 하나님과 동등하지 않은, 영원하지 않은 "피조물"이라고 가르쳤다. 예수님을 심지어 요셉의 아들로 단정했으며, 그렇기에 성경에서 예수 그리스도의 신성과 관련된 부분들을 변개시켰다. 오리겐은 교회만 다니면 자동적으로 구원받는다고 생각했다. 또한 유아세례를 믿었고 성찬식을 통해 죄가 용서된다고 믿었다. 그는 예수님께서 그분의 몸으로 부활하신 것도 믿지 않았고 예수님의 재림도 믿지 않았다. 오리겐은 자기가 믿지 않는 구절들은 모두 변개시켰다. 그런 오리겐에게는 구원 간증이 전혀 없다. 그럼에도 대부분의 학자들은 오리겐을 최초의 성경 비평학자로서, 또 과학적인 성경 해석가로서 인정한다.

◆ 오리겐의 헥사플라(Hexapla)와 <칠십인역>의 관계 ◆

헥사플라(6란 성경)는 여섯 개의 난에 구약성경의 역본을 담은 책이다. 총 50권으로 6,500페이지에 달하는 매우 큰 책이다. A.D. 250년경에 오리겐이 완성한 헥사플라의 구성은 다음과 같다.

제1란 - 히브리어 구약성경, 변개된 히브리어 본문으로 외경을 담고 있음

제2란 - 히브리어 구약을 헬라어로 음역한 헬라어 음역본

제3란 - 아킬라가 A.D. 128년에 번역한 헬라어 역본

제4란 - 심마쿠스가 A.D. 200년에 번역한 헬라어 역본

제5란 - 오리겐이 A.D. 250년에 번역한 헬라어 역본(= 〈칠십인역〉)

제6란 - 테오도티안이 A.D. 180년에 번역한 헬라어 역본

헥사플라는 A.D. 638년까지 카이사랴의 도서관에 있다가 모슬렘의 침략으로 원본이 소실되었다. 제5란 성경, 곧 〈칠십인역〉은 바티칸 사본과 시내 사본, 알렉산드리아 사본, 에프라임 사본 등에 남아 있다. 오리겐은 필로를 힘입어 그의 제5란 성경을 〈칠십인역〉으로 둔갑시켰다. 즉 〈칠십인역〉에 관한 "신화"를 만들어낸 것이다. "〈칠십인역〉이란 무엇인가?"라는

질문에 대한 일반적인 대답은 "히브리어로 된 구약을 헬라어로 번역한 권위 있는 번역본으로, 프톨레미 2세가 통치하던 B.C. 250년경 72명의 유대인들이 알렉산드리아에서 만든 것이다."인데, 이와 같은 대답은 대부분의 학자들이 〈칠십인역〉의 기원에 대해 설명할 때 그 근거로 제시하는 〈아리스테아스의 편지〉를 따른 것이다. 〈아리스테아스의 편지〉는 위조된 문서인 위경이다. 다음은 그 위경에 기록된 "칠십인역의 신화"를 요약한 것이다.

「어느 날 데메트리우스가 유대인의 율법이 도서관에 비치될 만한 가치가 있는 것이므로 그러기 위해서는 먼저 헬라어로 번역되어야 한다는 보고를 한다. 이에 대해 프톨레미 필라델푸스(B.C. 285-247)가 허락하여 아리스테아스를 포함한 사절단을 예루살렘의 대제사장인 엘르아살에게 보내게 되고, 번역을 위한 72명의 사람들을 부탁한다. 엘르아살은 귀중한 율법 두루마리들과 함께 열두 지파에서 각각 여섯 명씩, 72명을 알렉산드리아로 보낸다. 그들이 파로스 섬에서 각자의 방에 들어가 72일 만에 율법의 번역을 완료하는데 그 내용이 모두 똑같았다!」

바로 이것이 오늘날까지 신학자들과 그들에게서 배운 학생들 사이에 떠돌아다니는 "〈칠십인역〉의 신화"이다.

오리겐을 추종한 유세비우스

유세비우스는 최초의 교회사가로서 오리겐을 지지하고 그의 철학에 심취했다. 로마의 콘스탄틴 황제가 즉위한 후 성경에 관심이 있어 50권의 복사본을 만들기로 작정했을 때 그는 그 일을 역사학자인 유세비우스에게 맡겼다. 유세비우스는 성경을 복사하려고 원문을 선정할 때 시리아의 안티옥이 아닌 이집트의 알렉산드리아로 가서 오리겐의 헥사플라를 택했다. 그는 오리겐의 6란 성경 중 제5란을 택하여 번역 작업에 들어갔다.

우리가 관심을 가져야 할 것은 유세비우스가 오리겐의 제5란 성경을 복사해낸 50권에 "시내 사본"과 "바티칸 사본"이 포함되어 있었다는 사실이다. 오늘날 학자들이 가장 권위 있는 사본으로 여기는 시내 사본과 바티칸 사본은 콘스탄틴 황제 때 유세비우스가 편집한 오리겐의 변개된 성경이 반영된 결과물인 것이다. 오리겐의 6란 성경 중 제5란 성경에 외경이 포함되어 있었듯이, 거기서 복사된 두 사본에도 외경이 포함되어 있다. 콘스탄틴은 유세비우스가 복사한 50권의 성경 외에는 그 어떤 성경도 보지 못하게 하였으며, 다른 성경을 소유하거나 읽거나 배포했을 때에는 체포하여 참수형에 처하고, 그 성경을 압수하여 불태웠다.

이렇게 오리겐이 변개시킨 성경에서 유세비우스가 50권의 성경을 복사함으로써 변개된 성경이 확산되었으며, 그것이 바로 가장 변개된 두 사본인 시내 사본과 바티칸 사본이다. "제롬"이 이 사본들에서 라틴어 성경을 번역함으로써 그 변개된 성경이 로마카톨릭에 확산되었다. 제롬이 번역한 라틴어 성경이 바로 "제롬의 〈라틴 벌게이트〉"이다.

암흑시대를 가져온 제롬의 라틴 벌게이트

성경대로 믿는 그리스도인들은 성경과 관련된 콘스탄틴의 박해를 피해 산속으로 들어가서 바른 성경을 읽고 보급했다. 그들이 읽던 성경은 우리가 〈구라틴 역본〉이라고 부르는 원래의 〈라틴 벌게이트〉였다(제롬의 〈라틴 벌게이트〉가 아님). 이 〈구라틴 역본〉(A.D. 120)은 코이네 헬라어 성경을 라틴어로 번역한 것으로, 시리아 안티옥에서 유래하여 그리스도인 선교사들의 손을 통해 유럽과 아프리카로 전해졌다. 〈구라틴 역본〉은 "왈덴시안들"이 사용한 성경이었다. 시리아 안티옥으로부터 전파된 이 원래의 〈라틴 벌게이트〉가 일반 대중에게 비공개적으로 자리잡아 당대에 최고로 권위 있는 성경이 되자 당시 교황이었던 다마수스가 라틴 교부인 제롬(A.D. 340-420)을 시켜서 "위조된" 〈라틴 벌게이트〉(A.D. 380)를 만들게 했다(이때 시내 사본과 바티칸 사본의 본문이 반영됨). 이름도 〈라틴 벌게이트〉라 함으로써 원래의 〈라틴 벌게이트〉(구라틴 역본)을 대체시켜 버렸다. 제롬의 〈라틴 벌게이트〉는 로마카톨릭의 공식 성경으로 채택되었다. 라틴어 역본에 외경이 첨가된 것은 〈구라틴 역본〉이 아닌 제롬의 〈라틴 벌게이트〉에서였으며, 이 성경이 중세 암흑시대에 로마카톨릭의 공식 성경이 되었다.

말하자면 중세 암흑시대는 제롬의 〈라틴 벌게이트〉의 등장으로 시작된 것이었다. 하나님께서 주신 성경 대신 오리겐의 알렉산드리아 본문이 반영된 제롬의 〈라틴 벌게이트〉가 로마카톨릭의 공식 성경으로 채택됨으로써 암흑시대가 시작되었다. 제롬의 〈라틴 벌게이트〉는 중세 교회에서 가장 중요한 성경이 되었고 거의 신성시되다시피 했다. 로마카톨릭은 제롬의 〈라틴 벌게이트〉를 강제로 사용하게 했고 이를 거부하는 성경대로 믿는 그리스도인들을 박해했다. 그러나 제롬의 〈라틴 벌게이트〉가 나온 이후에도 〈구라틴 역본〉은 성경대로 믿는 사람들에 의해 계속 필사되면서 전수되었다.

제롬의 본문을 〈표준 원문〉이 대체하자 유럽 대륙은 암흑시대에서 벗어날 수 있었다. 그것이 바로 "종교개혁"이다. 암흑시대에 종지부를 찍은 종교개혁은 "성경"을 통해서 일어났다. 루터는 자신의 종교개혁과 관련하여 "나는 단지 하나님의 말씀을 가르쳤고, 설교했고, 번역했을 뿐이다. 그 외에 나는 아무 일도

하지 않았다. 모든 역사는 그 말씀이 이루신 것이다."라고 했다. 루터의 독일어 성경은 헬라어 표준 원문에서 번역되었다. 종교개혁가인 존 칼빈 역시나 에라스무스의 표준 원문을 사용할 만큼의 지각을 갖추고 있었다. 쯔빙글리는 성경을 스위스 독일어로 번역하는 일을 도왔고 그 일에 시리아 안티옥의 헬라어 표준 원문을 사용했다.

개정위원회에 잠입한 웨스트코트와 홀트

〈킹제임스성경〉(1611)이 번역되어 보급됨으로써 필라델피아 교회 기간에 대부흥이 일자 이에 긴장한 로마카톨릭이 영국 성경개정위원회에 두 첩자를 잠입시켜 〈킹제임스성경〉을 변개시켰다. 바로 웨스트코트와 홀트였다. 이 두 인물은 철저한 로마카톨릭교도였으며, 1881년에 시내 사본과 바티칸 사본을 근거로 헬라어 신약성경을 편집하여 출간했다. 시내 사본과 바티칸 사본은 예수님의 동정녀 탄생과 주님의 신성, 십자가 대속, 삼위일체, 지옥, 재림 등에 대한 구절을 삭제하거나 변개시켰다. 그 두 사본은 보존된 헬라어 성경인 〈표준 원문〉과 비교할 때 5,700여 곳이 변개되었다. 그 두 사본에서 1885년에 영어 〈킹제임스성경〉을 개정했다는 〈개역본, Revised Version〉이 번역되었다. 이로 인해 1611년 이래 270년 동안 〈킹제임스성경〉을 사용해 온 기독교계는 커다란 혼란을 맞았다. 웨스트코트와 홀트가 소위 "〈킹제임스성경〉의 오류들"을 개정하여 원본에 가깝게 했다는 거짓말을 했기 때문이다! 그러나 그들이 펴낸 〈개역본, RV〉은 현재 출판이 중단되어 아무도 사용하지 않는다. 지속성이 없는 것은 권위 있는 성경이 아니다.

한편 독일 학자 "네슬"(Eberhard Nestle)은 1898년에 웨스트코트와 홀트의 변개된 헬라어 성경을 근거로 네슬판 헬라어 성경을 출간했다. 이것이 현재까지 가장 많이 변개된 헬라어 원문 성경이며, 이 원문은 한글개역성경(1961)의 근거로 제시되고 있다. 한글개역성경과 〈한글킹제임스성경〉을 비교해 보면 개역성경은 신약에서만 2,200단어 이상이 삭제되었다. 과연 "삭제된 성경"(개역성경)과 "삭제되지 않은 성경"(한글킹제임스성경) 중 어느 것이 참된 하나님의 말씀이겠는가? 대한성서공회가 발행한 개역성경, 공동번역, 표준새번역, 개역개정판은 모두 동일한 원문에서 번역되었다. 생명의말씀사에서 출간한 현대인의 성경과 아가페출판사의 쉬운성경도 그러하다. 그들은 모두 "로마카톨릭"에게 철저히 속은 것이다!

■ 새롭게 깨달았거나 적용할 내용이 있다면 적어 보세요. ■

NOTES

제3과
마소라 원문과 표준 원문

『그렇다면 유대인의 나은 점이 무엇이며 할례의 유익이 무엇이냐? 모든 면에서 많으니 무엇보다도 그들에게 하나님의 말씀들이 맡겨졌음이니라』(롬 3:1,2).

유대인들이 기록한 히브리어 구약성경

하나님께서는 구약성경을 보존하는 일을 유대인들에게 맡기셨다. **『그렇다면 유대인의 나은 점이 무엇이며 할례의 유익이 무엇이냐? 모든 면에서 많으니 무엇보다도 그들에게 하나님의 말씀들이 맡겨졌음이니라』**(롬 3:1,2). 하나님께서는 이 일에 이방인들의 접근을 허락하지 않으셨다. 신약성경 또한 유대인들에게만 그 기록하는 일을 맡기셨다.

D.A. 웨이트는 그의 책 〈킹제임스성경을 수호하며〉(Defending the King James Bible)에서 유대인들이 구약성경을 보존했던 방법을 제시했다. 그가 인용한 H.S. 밀러의 저작 〈총체적인 성경 개관〉(General Biblical Introduction)(1960)에 따르면 유대인들은 구약성경을 필사할 때 "8가지의 규칙"을 엄격하게 적용했다.

1. 파취멘트는 정결한 동물 가죽으로 만든 것이어야 하며, 오로지 유대인만이 만들 수 있다. 또한 가죽은 정결한 동물의 힘줄로 한 데 묶어야 한다.

2. 각 면의 난마다 48줄 정도, 혹은 60줄 이상이 돼야 한다. 전체를 필사할 경우 처음에 선을 긋고 시작해야 한다.

3. 잉크는 검은색 외에 다른 색을 사용해서는 안 된다. 잉크는 특별한 방법으로 조제한 것이어야 한다.

4. **어떤 단어나 글자도 외워서 필사할 수 없다. 필사자는 출처가 분명한 필사본을 자기 앞에 놓고 있어야 하며, 필사에 앞서 먼저 단어 하나하나를 읽되 소리 내어 발음해야 한다**... 속으로만 읽어서도 안 되고, 반드시 소리 내어 발음해야 한다. 이것은 이중으로 기록하거나 빠뜨리는 등의 여하한의 실수를 피하기 위한 조치이다.

5. **필사자는 "하나님"["엘로힘"]이라는 단어를 필사하기 전에는 펜을 조심스럽게 닦아내야 하며, "여호와"[〈킹제임스성경〉에서는 "주"("LORD")라고 번역되**

어 있다.]라는 단어를 필사하기에 앞서서는 그의 몸 전체를 목욕해야 한다. 이는 거룩하신 이름을 더럽히지 않기 위해서이다.

6. 엄격한 규칙들은 글자들, 단어들, 절들 간의 간격, 펜의 사용법, 파취멘트의 색상 등, 필사본의 형식에 관한 것들이다.

7. 필사본의 교정은 필사를 완료한 후 30일 내에 해야 한다. 만약 그렇지 않으면 그 필사본은 가치가 없게 된다. 만일 한 면에 한 개의 오류가 발견되면 그 면을 폐기처분해야 한다. 또 어떤 한 면에서 세 개의 오류가 발견되었을 때는 그 필사본 전체를 폐기처분해야 한다.

8. **단어 하나하나와 글자 하나하나의 수를 세었다.** 그런데 만일 한 글자가 빠져 있다면 일단 임시로 글자를 그 자리에 삽입시켜 놓는다. 또 만일 어떤 글자가 다른 글자와 겹쳐 있으면 그 필사본은 폐기처분하고 즉시 파기했다(Miller op.cit., pp.184-185).

마소라 원문의 역사

히브리어 마소라 구약성경은 유대인들에 의해 그 원문이 보존되었다. 〈킹제임스성경〉 번역자들은 마소라 원문의 가치를 알아보고 구약성경의 저본으로 사용했다. 마소라는 "전통주의자들"이라는 뜻으로, 이 마소라들에게서 구약의 히브리어 마소라 원문(the Hebrew Masoretic Text)이 형성되었다. 히브리어 구약성경은 마소라들에 의해 보존되고 전수되었다. 히브리어는 자음으로 이뤄진 언어인데, 마소라들은 그 자음 본문을 보존했을 뿐만 아니라, 후에 모음 점들을 표기했다. 히브리인이 아니더라도 구약성경의 말씀들을 읽고 알기를 원했기 때문이다. 이러한 본문을 "마소라 원문"(Massoretic Text)이라고 부르며, 줄여서 "M.T."라고도 한다.

마소라들은 두 부류로 나뉘는데, 바빌론을 중심으로 한 동방 마소라들과 팔레스타인을 중심으로 형성되어 티베라에서 주로 활동한 서방 마소라들이 그들이다. 서방 마소라들을 티베랴 마소라라고 부르며, 이들 티베랴 마소라들에 의해 올바른 원문 보존이 이루어졌다.

티베랴 마소라들은 다시 두 집안을 중심으로 나뉘며, 원문 또한 마찬가지이다. 그중 하나가 벤 납달리(Ben Naphtali) 집안을 중심으로 한 원문이고, 다른 하나는 벤 아세르(Ben Asher) 집안을 중심으로 한 원문이다. 벤 아세르 집안은 8세기 후반부터 10세기 중엽까지 그 맥을 이었다. **벤 납달리 집안보다 벤 아세르 집안이 더 올바른 원문을 전수했고, 그 대표자가 모세 벤 아세르(Moshe Ben Asher)이다. A.D. 895년에 출간된 모세 벤 아세르의 히브리어 마소라 원문이 성경대로 믿는 사람들에 의해 수용되었는데, 모세 벤 아세르의 마소라 원문은 그가 직접 본문을 기록하고 모음기호도 제시한 것이었다. 이 원문을 현재 "코덱스 카이렌시스"(Codex Cairensis)라고 부른다**.

모세 벤 아세르 이후에 인쇄된 마소라 원문, 즉 전통원문(Traditional Text)은 중세의 마지막 시기에 출간되었다. 처음 인쇄된 것은 1477년으로 시편만 출간되었고, 1488년에는 전체 구약성경이 처음으로 인쇄되었으며, 1491년에 두 번째 판이, **"1494년에 세 번째 판"(루터가 사용함)**이 각각 출간되었다. 이러한 히브리어 성경의 보존된 형태는 히메네스에 의해 편집된 **〈콤플루텐시안 폴리그롯〉**에 보존되었고, 또한 **야곱 벤 하임의 마소라 원문**의 근거가 되었다. 1516-1517년에 처음으로 펠릭스 프라텐시스가 편집하고 다니엘 봄베르그가 베니스에서 출간했는데, 이것을 일반적으로 **제1랍비성경**이라고 부른다. 반면 1524-1525년에

야곱 벤 하임이 편집하고 다니엘 봄베르그가 베니스에서 출판한 **야곱 벤 하임의 마소라 원문**을 통상적으로 **제2랍비성경**(또는 봄베르기아나)이라고 부른다. **야곱 벤 하임의 마소라 원문은 "키텔의 제3판"이 출간되기까지 권위본으로서 사용되었다.**

"모세 벤 아세르의 원문," "히메네스가 편집한 〈콤플루텐시안 폴리그롯〉의 히브리어 원문," 그리고 "야곱 벤 하임의 마소라 원문(1524-1525)"이 올바른 구약성경의 맥을 잇는다. 1494년의 세 번째 판이 루터가 구약을 독일어로 번역하는 데 사용한 원문이 되었다. 다른 신실한 프로테스탄트 번역자들 역시 이 구약 원문을 사용했고, 1611년판 〈킹제임스성경〉의 번역자들도 동일한 구약 원문을 사용했다. 1611년 이후부터 현재까지는 구약성경의 완결판인 〈킹제임스성경〉을 근거로 구약성경의 권위를 판단할 수 있다. 그에 대한 근거로 야곱 벤 하임의 마소라 원문과 〈콤플루텐시안 폴리그롯〉, 키텔의 마소라 원문(BHK)의 두 판본(1906, 1912)을 제시할 수 있다. 야곱 벤 하임의 마소라 원문은 1525년 이후 "키텔의 제3판"이 출간될 때까지 유대교와 그리스도인들에게 권위 있는 구약성경으로 받아들여졌다.

그러나 키텔은 1937년에 출간된 제3판부터 야곱 벤 하임의 원문을 배제하고 "코덱스 레닌그라드"(Codex Leningradensis) 필사본을 사용함으로 올바른 원문전수에 결함을 보였다. 레닌그라드 사본은 A.D. 1008년에 편집된 것으로, 〈킹제임스성경〉의 저본인 전통 마소라 원문과 다른 본문이다. 레닌그라드 사본은 NKJV, NASV, NIV가 히브리어 성경으로 사용했던 주된 본문이다. 키텔 제3판 이후에 출간된 판들 역시 구약성경의 보존에서 벗어났다. 오늘날 연합성서공회(UBS)와 대한성서공회 및 성경 변개자들이 사용하는 "비블리아 헤브라이카 스튜트가르텐시아"(Biblia Hebraika Stuttgartensia, BHS)는 레닌그라드 사본에 근거함으로써 성경 보존 노선에서 벗어나 있다.

마소라 원문 vs. 칠십인역

『또 그들에게 말씀하시기를 "이런 것이 내가 너희와 함께 있을 때 말했던 바 모세의 율법과 선지서들과 시편에 나에 관하여 기록된 모든 것이 이루어져야 한다던 그 말이니라."고 하시고 그때 그들의 지각을 열어 성경을 깨닫게 하시더라』(눅 24:44,45).

위의 말씀처럼 히브리어 구약성경은 세 부분으로 나뉜다. 즉 모세의 율법(토라)과 선지서들(나비임)과 시편(케투빔)으로 나뉜다. 유대인들은 이것을 "타나크"라고 부르는데, 토라의 "타"와 나비임의 "나"와 케투빔의 "크"에서 따온 표현이다. "타나크"는 마소라 구약성경을 단축해서 일컫는 표현이다. 예수님께서는 이 "타나크"의 구약성경의 권위를 인정해 주신 것이다.

대부분의 사람들이 예수님께서 칠십인역의 구약성경을 사용했다고 주장한다. 그러나 예수님께서 히브리어 구약성경을 분류하신 순서(타나크)를 보면 칠십인역의 순서와 다름을 알 수가 있다. 즉 모세의 율법과 선지서들과 시편을 말씀하셨을 때 칠십인역의 분류법을 따르지 않으셨다. 칠십인역은 "율법과 선지서들과 시편"의 순서가 아니라 "율법과 시편과 선지서들"의 순서로 되어 있기 때문이다.

표준 원문의 역사

표준 원문이 교회들에게 받아들여진 바른 본문이며, 이 전통적인 원문은 교회들 사이에서 회자되고 사용되었다. 표준 원문은 라틴어로 "Textus Receptus"(받아들여진 본문, TR)라고 불린다. 따라서 "공인 본문"이라 하기도 하며, 이 표준 원문이 "인쇄되어 출간된 최초의 헬라어 신약성경"이다.

헬라어 표준 원문을 보존하는 데 사용된 사람들은 **에라스무스, 스테파누스, 베자, 엘지버** 등이다. 구약성경은 제사장 그룹이 보존하였지만 신약성경은 모든 그리스도인이 제사장이기에(벧전 2:9, 계 1:5,6) 거듭난 그리스도인들 가운데서 신약성경을 보존하는 데 쓰임 받는 사람들이 나왔다.

헬라어 신약성경은 **다수필사본**, **시리아 원문**(안티옥 원문, 행 11:26), **비잔틴 원문**(A.D. 312-1453의 비잔틴 제국 기간 동안 거의 모든 지역에서 일반적으로 사용됨), **시리아 - 비잔틴 원문**, **전통 원문**, **다수 원문** 등으로 불린다.

헬라어 신약성경이 보존되는 데에는 하나님의 섭리 가운데 있던 사람들이 있었으며, 그들은 하나님께서 섭리로 보존하신 필사본들을 이용할 수 있도록 인도받았다. 그들은 그 필사본들을 발견하고 사용할 수 있는 섭리적 환경에 의해 인도받았으며, **그리스도인들이 현재 사용하고 있는 성경이 영감으로 기록되고 섭리적으로 보존된 하나님의 무오한 말씀임을 믿는 "평범한 믿음"**으로 인도받았다.

■ 새롭게 깨달았거나 적용할 내용이 있다면 적어 보세요. ■

표준 원문 편집자들

1. 히메네스

프란시스코 히메네스가 헬라어 신약성경을 편집했다. 이 일은 에라스무스 이전에 있었던 일이다. 히메네스는 1502년에 다른 편집자들과 편집에 착수하여 1514년 1월 10일에 편집을 완료했다. 하지만 그는 죽고 말았고, 그가 편집한 본문은 1522년에야 출간되었다.

히메네스의 헬라어 신약성경은 〈콤플루텐시안 폴리그롯〉이라고 불린다. "Polyglot"은 "수개국어 대역성경"이라는 뜻이며, "Complutensian"은 그 성경이 스페인의 알칼라 데 에나레스 지역의 콤플루툼에서 출간되었기에 그 지명을 따라 붙여진 이름이다. 히메네스는 알칼라 대학의 설립자였고, 추기경이었으며 톨레도의 대주교였다. 비록 카톨릭 안에 있었지만 그가 편집한 히브리어, 헬라어, 라틴어 대역성경에 보존된 원문이 담겨 있었다.

2. 헬라어 신약성경을 최초로 "인쇄한" 에라스무스

1499년에 영국에서 친구 존 콜렛을 만난 에라스무스는 그 친구에 의해 성경 연구에 대한 관심을 갖게 되었다. 그 뒤로 많은 여행을 통해 성경 필사본들을 찾고 연구했는데, 그의 판본들에는 제1판(1516년), 제2판(1519년), 제3판(1522년), 제4판(1527년), 제5판(1535년)이 있다. 제1판을 출간할 때 넣지 못한 "요한일서 5:7"(삼위일체 구절)을 제3판(1522년)에서야 삽입할 수 있었다. 왜냐하면 초판을 출간할 때는 그 구절이 담긴 필사본을 발견하지 못했기 때문이다. 그러한 필사본이 발견되면 그 구절을 기록하겠다고 약속했고, 실제로 실행에 옮겼다.

에라스무스의 제5판이 이후 판본들의 기준이 되었다.

에라스무스는 1481년에 발견된 바티칸사본을 알고 있었다. 직접 점검해 보니 변개된 것을 알게 되었고 자신의 편집 작업을 위해서 사용하지 않았다. 에라스무스가 사용한 필사본들의 직접적인 숫자는 다섯 개다. 하지만 그 필사본들 안에 신약성경을 편집하는 데 필요한 모든 부분이 담겨 있었다. 현재까지 발견된 모든 필사본들이 변개된 성경들보다 이 다섯 개의 필사본들을 더 지지하고 있다.

◆ 에라스무스가 사용한 필사본들 ◆

* "1"은 11세기의 필사본으로서 복음서, 사도행전 그리고 서신서들이 기록됨.
* "2"는 15세기의 필사본으로서 복음서가 기록됨.
* "2ap"는 12-14세기, 사도행전과 서신서들이 기록됨.
* "4ap"는 15세기, 사도행전과 서신서들이 기록됨.
* "1r"은 12세기, 요한계시록이 기록됨.

에라스무스는 하나님의 섭리 가운데 있었던 인물이다. 그의 표준 원문 제1판이 1516년에 출간되자 이듬해인 1517년에 루터의 종교개혁이 일어난 것만 보아도 잘 알 수 있다. 에라스무스의 초판에는 다수의 "인쇄상의 오류들"이 있었지만, 이러한 오자들은 다음 판과 다른 판들에서 교정되었기 때문에 그의 헬라어 표준 원문의 가치를 떨어뜨리지 못했다. 비평가들은 에라스무스의 헬라어 표준 원문을 흠집 내기 위해 다각도로 비평하지만, 그의 헬라어 신약성경이 프로테스탄트의 종교개혁에 미친 영향을 생각하면 그들의 비평은 비웃음거리도 못 된다.

거의 모든 비평가들은 표준 원문을 공격할 때 1516년 초판만을 언급한다. 그들은 표준 원문을 에라스무스만 편집한 것으로 보이게 하고, 그의 1516년 초판만 있는 것으로 착각하게 하여 사람들의 오해를 불러일으키고 있다.

3. 로버트 스테파누스

로버트 스테파누스는 1546년, 1549년, 1550년, 1551년에 각각 헬라어 신약성경을 출간했다. 이러한 헬라어 성경의 출간은 로마카톨릭의 반대를 불러일으켰고, 이러한 이유로 1550년에 강압적으로 파리를 떠나 제네바로 옮겨가서 정착하게 되었다. 스테파누스는 그곳에서 개혁자들의 믿음을 지닌 프로테스탄트가 되었다. 제3판(1550년)의 본문은 에라스무스의 5판(1535년)과 거의 정확하게 일치한다. 그의 편집에는 15개의 필사본들과 이본들이 사용되었다. 제4판(1551년)에서 처음으로 성경의 "절"이 나뉘게 되었다. 스테파누스는 파리에서 리용으로 가는 여행 중에 절을 구분했는데, 그 목적은 그가 생각했던 성구색인에 관주를 용이하게 제시하기 위한 것이었다.

4. 데오도르 베자

베자의 제5판(1598년)이 영어 〈킹제임스성경〉을 번역할 때 저본으로 사용되었다. 베자가 많은 자료들을 수집했음에도 불구하고 그의 판은 스테파누스의 제4판(1551년)과 몇 가지 부분을 제외하고는 동일한 본문이다. 에라스무스의 제5판(1535년)과 스테파누스의 제4판(1551년)과 베자의 제5판(1598년)이 헬라어 성경이 보존되는 역사에서 기억되어야 할 중요한 인쇄본들이다.

5. 보나벤쳐 엘지버

보나벤쳐 엘지버는 자신의 형제이며 동료였던 매튜 엘지버와 그의 조카인 아브라함과 함께 1624년에 헬라어 신약 제1판을, 1633년에 제2판을 출간했다. 엘지버가 출간한 제2판의 서문에는 다음과 같은 내용이 있다. "그러므로 당신은 지금 그 안에 바꾸거나 변개시킨 것이 아무것도 없는, 모두가 받아들인 원문을 가지고 있다(textum ab omnibus receptum)." 바로 여기에서 "Textus Receptus"(Received Text)라는 말이 유래하게 되었다. 이 말은 단지 1633년 이후의 것에만 적용되는 것이 아니라 성경이 처음 필사되는 때부터 현재까지 보존된 성경들에 모두 적용되는 표현이다.

표준 원문 판본들과 〈킹제임스성경〉

헬라어 표준 원문의 판본들 간의 차이점은 252개이다. 〈킹제임스성경〉은 그 252개 중에서 113번 베자의 판본과 일치하고 스테파누스의 판본과는 일치하지 않는다. 59번은 스테파누스의 판본과 일치하고 베자의 판본과 일치하지 않는다. 80번은 에라스무스의 판본이나 〈콤플루텐시안 폴리그롯〉과 일치하고 베자와 스테파누스의 판본과는 일치하지 않는다. 〈킹제임스성경〉은 베자의 5판(1598년)을 신약성경의 저본으로 사용했지만 단지 하나의 표준 원문 판본만을 번역한 것이 아니다. 〈킹제임스성경〉 번역자들은 여러 종류의 헬라어 표준 원문 판본들의 다양성을 하나로, 또 바르고 정확하게 집약하여 〈킹제임스성경〉을 번역했다. 그렇기에 〈킹제임스성경〉은 그 본문의 정확성에 있어서 온전히 신뢰할 수 있다.

그렇다면 우리는 어떤 헬라어 표준 원문 판본을 따라야 하는가? 하나님께서 여러 판본들 간의 차이점들을 하나로 집약하신 영어 〈킹제임스성경〉에 근거한 헬라어 표준 원문이다. 이 본문은 1881년에 스크리브너 박사의 편집 하에 캠브리지 대학 출판부에서 출간되었고, 여덟 번의 재판이 있었으며, 1949년에 마지막 아홉 번째 판이 출간되었다. 이 본문의 다른 판을 1976년에 **트리니테리안 성경공회**(Trinitarian Bible Society, TBS)가 런던에서 출간하여 지금에 이르고 있다.

■ 새롭게 깨달았거나 적용할 내용이 있다면 적어 보세요. ■

NOTES

NOTES

제4과

일곱 번 정화된 은 같은 킹제임스성경

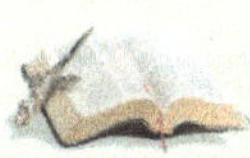

『주의 말씀들은 순수한 말씀들이라. 흙 도가니에서 단련되어 일곱 번 정화된 은 같도다』(시편 12:6).

〈킹제임스성경〉의 역사

〈킹제임스성경〉은 영국 국민들에게 모국어로 된 영어 성경을 주기 위해 헌신한 많은 하나님의 사람들에 의해 이루어진 결실이다. 〈킹제임스성경〉의 바탕에는 로마카톨릭의 박해에도 불구하고 목숨을 바친 사람들의 노력이 깃들어 있다.

〈킹제임스성경〉이 있기까지 영어 성경들의 역사를 통해 자국어로 쓰인 성경이 얼마나 소중한 것인지 알게 될 것이며, 아울러 〈킹제임스성경〉의 우수성과 함께 〈킹제임스성경〉이 영어를 모국어로 사용하는 사람들에게 하나님께서 주신 최종권위라는 사실도 깨닫게 될 것이다.

베너러블 비드와 알프레드왕의 번역

성경 일부를 영국인이 사용하는 일상의 언어로 옮기려는 다양한 시도가 여러 번에 걸쳐 있었다. 이러한 시도들 중에서 가장 주목할 만한 것은 앵글로 색슨어로 번역된 요한복음이다. 이것은 A.D. 735년 5월에 감옥에서 죽은 노섬브리아의 수도자였던 "베너러블 비드"(Venerable Bede)가 자기 생애의 마지막 시기에 번역한 것이다. 그의 죽음에 대한 매우 흥미로운 기록이 그의 제자이자 전기 기록자인 커스버트(Cuthburt)에 의해 남아 있다. 비드가 생을 마감하던 날 저녁 무렵에, 그의 제자 한 사람이 그에게 말했다. "사랑하는 스승님, 이제한 문장이 남았습니다." 그는 대답했다. "그렇다면 빨리 적어라." 그리고 그는 꺼져 가는 등불의 마지막 불꽃의 힘을 모아, 거룩한 말씀을 받아 적게 했다. 제자가 작업이 다 끝났다고 말하자, 그가 말했다. "네 말이 맞다. 끝났다." 그는 자신을 일으켜 달라고 해서, 그가 늘 개인적인 기도를 위해 무릎을 꿇었던 그 방의 한쪽 자리로 갔다. 그는 늘 하던 대로 거기에 앉아서, 하나님 아버지께 간구를 드리려는 것이었다. 그때 그는 "하나님 아버지와 그분의 아들과 성령께 영광이 있을지어다."라는 짧은 찬송을 불렀는데, 마지막 부분을 부르면서 숨을 거두었다.

비드가 죽은 후 200년이 지나 왕위에 오른 알프레드왕(King Alfred)은 앵글로 색슨어로 시편을 번역하였다.

〈위클리프성경〉

1. 첫 완역본 영어 성경

널리 보급하기 위해 출판된 첫 완역본 영어 성경은 1380년경 존 위클리프에 의해 번역된 것이었다. 위클리프의 번역은 "성령에 의해 기록된 히브리어와 헬라어 원본"에서 번역된 것이 아니고, 4세기 후반부에 제롬(Jerome)에 의해 만들어진 〈라틴 벌게이트〉에서 번역된 것이다.

존 위클리프는 1324년 영국 요크셔에서 태어났다. 그는 사제였으며, 옥스퍼드 대학교의 신학 교수였다. 그의 열렬한 믿음은 성경을 통해서 생겨난 것이다. 그는 흔히 "프로테스탄트 개혁의 샛별"이라고 불리며, 암흑기에 흩어져 빛나던 빛들 중에서 가장 밝은 빛의 하나이다. 그는 "종교 개혁 이전의 개혁가"로 불리기도 한다. 마틴 루터처럼, 카톨릭의 오류와 부패에 대한 반대는 처음에는 몇 가지에 국한되어 있었다. 그러나 그는 기도, 성경 연구, 하나님의 은혜를 통하여 진리의 순수성을 향하여 꾸준히 전진해 가게 되었다.

많은 기소와 박해를 받은 후에, 그 유명한 랜캐스터의 공작인 존 오브 곤트(John of Gaunt)의 강력한 보호하에서 생활하다가, 1384년 러터워스에 있는 자신의 목사관에서 신실하고도 험난했던 삶을 마감했다. 41년 후에 카톨릭의 콘스탄츠 공의회의 명령에 따라, 무덤에서 뼈들이 꺼내지고 불태워져 근처 시내인 스위프트에 뿌려졌다.

2. 〈위클리프성경〉의 필사본과 인쇄본

카톨릭의 저항에도 불구하고, 위클리프의 성경 완역본은 매우 많이 필사되었다. 그의 완역본의 필사본은 그의 신약성경 필사본만큼이나 많이 존재한다. 게다가 성경 낱권의 필사본들도 그 수가 많다. 그 필사본들은 가독성도 뛰어나고 필체도 매우 아름답다. 이것은 그 필사본들이 만들어질 때 매우 정성들여 만들어졌을 뿐만 아니라, 거의 500년이 지난 오늘날까지 그것을 보존하는 데도 매우 정성을 기울였음을 보여 주는 것이다.

위클리프의 신약성경은 그가 〈라틴 벌게이트〉로부터 그의 성경을 완역한 지 350년 후인 1731년에 인쇄되었다. 존 위클리프의 영어 성경 전체는 옥스퍼드 대학교 출판부에서 1850년에 처음으로 출판되었다. 4권짜리 큰 책으로 출판되었으며, 위클리프 성경의 원문인 〈라틴 벌게이트〉와 함께 대역 성경으로 출판되었다.

위클리프의 성경 번역은 인쇄기 발명 이전에 이루어졌기 때문에, 많은 양이 필사되었음에도 불구하고 값이 매우 비쌌다. 그의 신약성경의 가격은 부목사 한 사람에게 줄 연봉으로 충분한 금액이었던 것으로 추정된다. 요즈음엔 성경을 누구나 쉽게 구입할 수 있는데, 이러한 일은 인쇄술이 가져온 경이로움이다. 마틴 루터는 이러한 인쇄술을 하나님께서 섭리적으로 인도하신 "마지막이자 최상의 선물"이라고 말하곤 했다.

3. 영어 성경에 대한 로마카톨릭의 반응

영어 성경의 보급이 필사에만 의존되어 매우 제한적이었기 때문에, 영어 성경이 당시 로마카톨릭의 수도승 학자들에게는 아무런 문제가 되지 않았다. 시대의 상황이 이러한데도 그 수도승 학자들 중의 한 사람이었던 헨리 드 나이턴(Henry de Knyghton)은 다음과 같이 말했다. "존 위클리프가 성경을 라틴어에서 영어로 번역하였다. 성경 말씀은 예수 그리스도께서 교회의 성직자들과 학자들에게 맡기신 것이다. 그들은 그 사역을 시대의 상황과 사람들의 필요에 맞추어 평신도와 힘없는 사람들에게 실행해야 한다. 그런데 위클리프에 의해 성경이 라틴어에서 영어로 바뀌자, 성경 말씀이 평범한 것이 되어 버렸고, 평신도들에게 더 많이 알려지게 되었다. 읽을 줄만 안다면 여성들도 성경을 직접 보게 되었다. 성경은 가장 학식 있는 사람들인 성직자들과 성경을 가장 잘 이해할 수 있는 사람들에게만 주어져 있었던 것이다! 이전에 교회의 성직자와 학자들의 높은 재능 앞에 놓여 있던 성경이 이제는 평신도들에게도 영원히 평범한 것이 되어 버렸다."

만약 필사를 통해서 영어 성경이 보급되는 것이 이러한 카톨릭적 애가를 불러일으켰다면, 나중에 인쇄를 통해 영어 성경이 보급되는 것이 어떠한 격분을 일으켰는지 생각해 볼 필요도 없다. 카톨릭의 지구장 신부였던 롤런드 필립스(Rowland Phillips)는 1535년 런던의 세인트폴스 크로스(세인트폴스 대성당에 있는 노천 설교단)에서 행한 유명한 설교에서 다음과 같이 선언했다. "우리는 인쇄를 뿌리 뽑아야 한다. 아니면 인쇄가 우리를 뿌리 뽑을 것이다!"

〈틴데일성경〉

1. 최초로 인쇄된 완역본 영어 성경

금속 활자로 인쇄된 첫 성경은, 헤센에 있는 공작 영지인 마인츠에서 구텐베르크(Gutenberg)와 푸스트(Fust)에 의해 1450년에서 1455년 사이에 출간된, "라틴어 성경"이었다. 영어로 인쇄된 최초의 성경은 흔히 참회의 시편이라 불리는 일곱 편의 시편에 대한 주해였다. 이것은 1535년 헨리 8세에게 참수당한 로체스터의 주교 존 피셔가 쓴 것이다. 이 작은 책은 1505년에 출판되었다.

영국인들에게 자국어로 된 성경을 제공하기 위해 결정된 첫 번째 인쇄는 마태복음과 마가복음이다. 이 성경은 윌리엄 틴데일(William Tyndale)에 의해 번역되었고, 1524년에 함부르크에서 인쇄된 것이다. 틴데일이 번역한 신약성경 전체는 1525년에 인쇄되었는데, 일부는 쾰른에서, 일부는 보름스에서 인쇄되었다. 신약성경을 6판까지 출판한 후인 1530년에 틴데일은 창세기와 신명기를 출판했고, 그 다음 해인 1531년에는 모세오경을 출판했다. 1535년에는 틴데일이 어디를 가든 따라다녔던 마일스 커버데일(Miles Coverdale)의 후원하에 성경 전체가 인쇄되었다.

틴데일은 그의 성경이 출판되기 약 1년 전에 화형을 당하여 순교했다. 말하자면 신약 전체와 구약에서 역대기하까지 전체 성경의 3분의 2는 틴데일의 작업이었다. 나머지 3분의 1은 구약의 나머지 부분인데, 이 부분은 틴데일의 친구이자 동역자였던 토머스 매튜(Thomas Matthew)에 의해 이루어진 것이다. 토머스 매튜는 "피의 메리" 통치 기간 동안에 화형당한 유명한 순교자 존 로저스(John Rogers)이다. 그가 그의 불멸의 작품인 성경 번역본을 출간할 당시에는 매튜라는 이름을 사용했었다.

2. 성경 번역에 관한 틴데일의 자세

틴데일의 번역본은 본질적으로는 공인 역본의 기본 틀을 제공한 성경이다. 틴데일의 번역본은 상당 부분이 공인 역본에도 그대로 보존되어, 철자의 변화를 제외하면 그가 우리에게 남겨 준 대로 읽히고 있다. 대법관 모어 경(Lord Chancellor More)에게 한 그의 대답에서, 그는 "나는 하나님께 주 예수 앞에 우리가 서게 될 날에 대하여 기록하게 해 달라고 요청했으며, 우리의 행위대로 심판해 달라고 요청했다. **그렇기 때문에 나는 나의 양심을 어겨 하나님의 말씀에서 한 구절이라도 바꾸는 일은 결코 하지 않았다**. 또한 즐거움, 영예, 부와 같은 지상에 있는 모든 것이 나에게 주어진다 해도 나는 결코 하나님의 말씀을 바꾸지 않을 것이다."라고 말했다.

3. 틴데일의 뛰어난 실력

이 거룩한 인물은 그의 위대한 사역에 신실했을 뿐만 아니라, 그 학문적 소양에 있어서도 충분히 자격을 갖춘 사람이었다. 그의 학문적 견실성은 그의 번역을 읽음으로써 충분히 증명된다.

틴데일에게 반대한 토머스 모어 경에게 했던 답변에서 그는 "헬라어, 라틴어, 특별히 반드시 알아야 할 히브리어, 성경 구절들에 대한 지식과, 설교의 올바른 방식, 히브리어 차용어 발음에 대한 지식"이 없는 점에 대해 고위 성직자들을 비난한 바 있다. 한때 틴데일의 대필자였다가 적으로 돌아선 조지 조이(George Joye)는 "히브리어, 헬라어, 라틴어 등등에 대한 틴데일 선생의 높은 실력에도 불구하고, 이 문제에 대하여 틴데일 선생에게 답변하는 것이 두렵지 않다."라고 말한 적이 있다. 조이가 언급한 "등등"에 해당하는 다른 언어들이 무엇이었는지는 학식 있는 교수였던 허먼 버셔스(Herman Buschius)를 통해서 알 수 있다. 루터의 친구였던 스팔란틴(Spalantin)은 일기에 틴데일에 관하여 다음과 같이 썼다. "버서스 교수가 보름스에서 나에게 말한 바에 의하면, 신약성경 6,000권이 인쇄되었다고 한다. 그 신약성경은 두 명의 동료와 함께 보름스에 있는 한 영국인에 의해 번역되었다고 한다. 그는 히브리어, 헬라어, 라틴어, 이탈리아어, 에스파냐어, 영어, 프랑스어 이렇게 일곱 언어에 능통했으며, 어떤 언어로든 그가 말을 하면 원어민이 말하는 것처럼 유창했다고 한다." 이러한 기록들을 통해 틴데일이 영어 성경을 번역할 만한 충분한 실력을 갖춘 사람이었음을 알 수 있다.

〈매튜성경〉

1537년 성경 전체에 대한 두 종류의 번역판이 2절판으로 유럽에서 인쇄되어 영국으로 들어왔다. 하나는 틴데일의 번역판으로 그의 헌신된 친구이자 동역자이며, 나중에 토머스 매튜로 알려지게 되는 존 로저스(John Rogers)가 완성하고 편집한 것(매튜 성경)이고, 다른 하나는 나중에 엑서터의 주교가 되는 마일스 커버데일(Miles Coverdale)의 번역판(커버데일 성경)이다.

매튜 성경은 1537년 독일에서 2절판 성경으로 인쇄되어 출판되었는데, 그 표제가 "성경. 이 책은 거룩한 책이며, 신약과 구약을 담고 있음. 토머스 매튜에 의해 진실되고 순수하게 영어로 번역됨. 1537."로 되어 있었다. 이 표제가 현재 우리가 널리 사용하고 있는 킹제임스성경을 포함하여 틴데일 이후로 출판된 모든 성경 번역본 표제의 기본이 되었다.

로저스는 1500년경에 워릭셔의 데리텐드에서 태어났다. 케임브리지 대학교에서 교육받았으며, 수년간 벨기에 앤트워프의 영국 재외 상관에서 사제로 있었다. 그는 또한 12년간 독일에서 사역했다. 그는 에드워드 4세 통치 기간인 1550년에 영국에 돌아왔다. 세인트마거릿모이지스 교회의 교구 사제가 되었고, 그 후에 세인트세펄커스 교회의 교구 사제가 되었다. 둘 다 런던에 있는 교회이다. 다음 해에 세인트폴스 대성당의 명예 참사 회원에 임명되어 교구 사제직을 사임했다.

"피의 여왕 메리"가 왕위에 오르자, 그는 곧바로 어려움을 겪게 되었는데, 대륙으로 피신할 수 있었음에도 불구하고 영국에 남았다. 반년 동안 자택 구금되었고, 1554년에는 도둑과 살인자들과 함께 뉴게이트에 감금되었다. 그는 그들 중의 몇몇을 선으로 인도하는 도구로 쓰임받았다. 그는 거기서 매우 거칠고 잔인하게 학대를 받았고, 메리 여왕의 첫 희생자들 중의 하나가 되어, 그 불타는 박해의 첫 순교자로 영광스럽게 알려지게 되었다. 그는 1555년 1월 4일 스미스필드에서 산 채로 화형당했다.

〈커버데일성경〉

마일스 커버데일은 1488년 요크셔에서 태어났다. 그는 1531년 케임브리지 대학교에서 교회법을 전공한 학사로 졸업했다고 한다. 그는 후에 튀빙겐 대학교와 케임브리지 대학교에서 박사 학위를 받았다. 그는 오거스틴 수사였는데, 당시 영국의 수상으로 있었던 크럼웰 경(the lord Crumwell)의 강력한 보호를 누렸다. 그는 뛰어난 학자였으며, 모든 출판 비용을 지원한 영향력 있는 후원자들에 의해 성경 번역 작업을 하게 되었다. 첫 번역판은 독일어와 라틴어에서 충실하게 번역되었다고 주장되고 있으며, 헨리 8세와 그의 왕비 앤 불린(Anne Boleyn)에게 헌정되었다. 1535년의 일이었으며, 인쇄된 장소는 분명치 않다.

그가 독일어와 라틴어에서 성경을 번역했다고 말했다. 그는 그의 번역본보다 이전에 나온 독일어와 라틴어 인쇄본을 다섯 종류나 가지고 있었고, 히브리어와 헬라어에 능통했었다. **커버데일의 번역은 "왕의 가장 은혜로운 허가에 의해 수행된 것"이었고, 막강한 권력자인 크럼웰과 캔터베리의 대주교인 크랜머(Cranmer)의 따뜻한 찬사를 받았다**.

◆ 국왕의 승인을 받게 된 <틴데일성경> ◆

〈틴데일성경〉이 사람들에게 받아들여지고 극단적인 선호가 계속 유지되자, 결국 대주교 크랜머는 대주교 대리 법무관인 크럼웰에게, 틴데일과 로저스의 번역판이 "최후의 심판일 다음 날이 될 때까지는 그런 일이 없겠으나, 우리 주교들이 새로운 번역본을 낼 때까지, 지금까지 틴데일의 번역본에 반대하여 정해졌던 법률, 선언, 법령을 모두 무효화하고, 틴데일의 번역본이 모든 사람에게 읽혀지도록" 허용하는 "왕의 동의"를 받게 해 달라고 간청한다.

자유가 완전히 허용된 것이다. 화형당한 틴데일의 재가 채 식기도 전에, 그의 노력은 그에 대한 모든 지지와 지원을 거절했던 권위자들의 따뜻한 승인과 허가를 받게 되었다. 10년 전까지만 해도, 그들은 그의 모든 노력에 매우 분개했던 사람들이었다. 그의 번역본은 앞으로 다시는 억압받지 않을 것이다. 그의 번역본은 수정되고 개선될 것이고, 가끔은 비난 받고 불태워지기도 할 것이다. 그리고 70년 후에 제임스왕이 선발한 우수한 학자들에 의해 약 7년에 걸쳐 "더 매끄럽고, 쉽고, 원문에 충실하게" 만들어지겠지만, 틴데일의 성경은 대체로 오늘날까지 이어져 내려온 영어 성경 번역본들의 기초가 되어 왔다.

〈크랜머성경〉 / 〈그레이트성경〉

1539년 오늘날 "크랜머 성경"이라 불리는 그레이트 성경이 처음 모습을 나타냈다. 틴데일 성경과 약간만 다른 "크랜머 성경"의 새로운 개정본이 국왕 헨리 8세의 명령하에 출판된 것이다. 표제와 서문에는 카톨릭의 두 고위 성직자인 더햄의 주교 커스버트 턴스털(Cuthbert Tunstal)과 로체스터의 주교 니컬러스 히스(Nicholas Heath)에 의해 승인되었다는 내용이 들어 있다.

이 고귀하고 훌륭하게 인쇄된 2절판 성경은 런던의 한 상인인 앤서니 말러(Anthony Marler)가 그 비용을 지불함으로써 출판되었으며, 1년 조금 넘는 기간 동안에 4,5쇄까지 인쇄되었다.

〈제네바성경〉

25년 전 유럽에서 망명 생활을 했던 틴데일에 의해 처음으로 나왔던 위대한 번역본이 영국에서 유럽으로 망명한 한 학자에 의해 탁월하게 개정되어 출판되었으며, 영국의 모든 항구가 성경을 거절할 것 같았던 메리의 박해 기간에 영국에 상륙하여 들어오게 되었다. 이것이 바로 그 기념비적인 〈제네바신약성경〉이다. 〈제네바신약성경〉은 그 개정자가 틴데일의 신약성경을 헬라어 원문과 한 번 이상 세심하게 대조하고, 다른 언어의 번역본과도 비교하여, 많은 결정적인 부분들을 개선한 후에, 그때까지 나온 영어 성경 인쇄본들 중에서 가장 좋은 형태로 출판한 신약성경이다. 이 신약성경의 첫판은 현재 매우 드문데, 그 활자와 종이의 아름다움에 특히 주목할 만하다. 이 첫판은 1557년 6월에 출판되었다. 제네바 신약성경은 절과 절을 나눈 첫 번째 영어 성경이며, 신구약 합본에서도 이 방식을 따랐다. 이 좋은 성경이 누구에 의해서 나오게 되었는지 분명하게 알려지지는 않았으나, 그가 윌리엄 휘팅엄(William Whittingham)이라는 사실에는 의심의 여지가 없다.

〈파커성경〉 / 〈비숍성경〉

〈비숍성경〉이 캔터베리의 대주교 파커(Parker)의 주관하에 출판된 것은 엘리자베스 여왕이 통치하기 시작한 지 10년이 지난 1568년이었다. 이 성경은 주로 주교로 구성된 매우 학식 있는 사람들 15명에 의해 매우 신중하게 개정된 성경이다. 주로 주교들에 의해 개정되었기 때문에 이름도 "비숍 성경"이 되었다. 각자가 자기가 맡은 부분을 완결하고, 대주교가 그들이 작업한 내용에 대한 최종 개정을 하였다. 그래서 번역의 완성도가 한층 더 높아졌다. 이 성경의 첫판 판권장(발행인 이름, 주소, 발행 연월일 등이 기록된 페이지)은 지금까지 출판된 것들 중에서 가장 멋진 것이었고, 거의 150개의 인각이 들어 있는 참으로 아름다운 2절판이었다. 〈비숍성경〉은 여왕의 명령하에 수행된 것은 아니었다. 1775년 파커가 죽을 때까지 여덟 번의 인쇄가 있었으나, "크랜머 성경"처럼 "교회에서 읽히도록" 지명되지 않았다.

■ 새롭게 깨달았거나 적용할 내용이 있다면 적어 보세요. ■

〈킹제임스성경〉

1. 햄프턴 궁전 회의

1603년 제임스왕이 소집한 햄프턴 궁전 회의에서 청교도 쪽의 위원장이었던 레이놀즈 박사(Dr. Reynolds)는 관주나 주석이 없는 새로운 성경 번역본이 있어야 한다고 요청했다. 레이놀즈는 "히브리어 원문과 헬라어 원문에 일치하는 성경 번역본이 난외주 없이 만들어지고 인쇄되어서, 신성한 예배 시간에 영국의 모든 교회에서 사용되어야 한다."고 제안했다. 제임스왕은 이 요구를 승낙함으로써 새로운 성경 번역이 시작되었으며, 약 7년의 작업을 통해 〈킹제임스성경〉이 탄생하게 되었다.

2. 〈킹제임스성경〉의 번역 방식과 규칙

제임스왕은 이 성경 번역 작업에 54명의 학자를 임명하려 했다. 그러나 처음에 실제로 이 작업에 소집된 인원은 47명이다. 왕의 지시가 내려졌기 때문에, 몇몇 교구 주교들은 그들의 교구에 이 작업을 도울 수 있는 어떤 학자가 있는지 확인하여, 그들에게 왕의 요청에 따라 진지하게 임무를 맡도록 권하고 그들의 제안과 중요한 의견을 회신하도록 하는 편지를 써야 했다. 그렇게 함으로써, 제임스왕이 언급하신 바와 같이, "우리가 의도한 이 번역이 우리 왕국 안에 있는 모든 주요한 학자들의 협조와 권장을 받도록" 해야 했다.

17명의 번역자들은 웨스트민스터 대성당에서 일해야 했으며, 15명은 케임브리지 대학교에서, 나머지 15명은 옥스퍼드 대학교에서 일해야 했다. 각 장소의 인원들은 다시 두 번역조로 분리되어, 총 여섯 개의 분리된 번역조를 형성하였다. 번역자들은 모두 그들에게 지시된 규칙들의 목록을 받았다. 첫 번째 규칙은 "비숍 성경"을 작업의 기초로 삼고, 원본에 충실하게 번역하는 데 필수적인 수준보다 더 나아가 수정하지 말라는 것이었다. 두 번째 규칙은 고유명사의 표기에 사용된 당시의 방식을 가능한 한 유지하라는 것이었다. 세 번째 규칙은 "오래된 기독교 용어는 유지"하라는 것이었다. 네 번째 규칙은 어떤 원어 단어가 여러 가지 다른 의미로 해석될 수 있는 경우에는 옛 교부들이 보편적으로 승인한 해석을 따라야 하며 "위치의 적절성과 믿음에 따른 판단"에 주안점을 두어야 한다는 것이었다. 다섯 번째 규칙은 장의 구분은 가능한 한 적게 바꿔어야 한다는 것이었다. 여섯 번째 규칙은 레이놀즈 박사가 햄프턴 궁전에서 현명하게 제안한 바와 같이 모든 번역자 주와 주석을 빼고, 그러한 위험한 도움들 없이 충분히 이해되도록 번역본을 만들어야 한다는 것이었다. 일곱 번째 규칙은 상호 참조 구절과 해설 구절에 여백 관주를 제공하라는 것이었다.

여덟 번째 규칙은 번역조 내의 각 번역자는 서로 같은 장들을 개별적으로 번역한 후, 전체가 모인 자리에서 각자의 번역을 비교하여 최종안을 합의하여야 한다는 것이다. 그러므로 성경의 각 부분을 할당받은 각각의 번역조 내에 인원수에 따라 주의 깊게 작업한 일곱에서 열 개의 서로 다른 번역본이 있게 되고, 그 전체를 비교하여 각 번역조가 맡은 부분에 대한 하나의 최종적 번역본을 만들어 내는 것이다. 아홉 번째 규칙은 각 번역조에서 제시된 규칙에 따라 가능한 한 빨리 담당한 부분의 번역본을 만들고, 그것을 다른 번역조에 보내서 그들 모두의 비평적인 재검토를 받아야 한다는 것이다. 열 번째 규칙은 다른 번역조로부터 받은 번역 부분에 의심스럽거나 만족스럽지 못한 것이 있으면, 그 위치와 반대하는 이유를 적어 원래의 번역조에게 돌려보내야 하고, 만약 그렇게 보내진 제안에 원래의 번역조가 동의할 수 없으면, 그 문제는 번역 작업의 최종 단계에 있게 될 각 번역조의 대표자들로 구성된 전체 회의에서 최종적으로 조정해야만 한다는 것이다. 그러므로 첫 번째 단계에서는 성경의 각 부분이 그 부분을 할당받은 각각의 분리된 번역조의 각 개인에 의해 충분히 고려되고, 두 번째 단계에서는 그 번역조 안에서 협의되고, 세 번째 단계에서는 나머지 다섯 번역조에 의해 신중하게 검토되고, 네 번째 단계에서는 개정위원회의 전체 회의에서 결정되는 것이다. 이렇게 신중한 계획에 따라 성경의 각 부분이 최소 열네 번 세심하게 검토되는 것이다.

열한 번째 규칙은 어떤 특별한 어려움이나 모호함이 있는 경우에는 직권으로 영국 내의 다른 학자에게 그 문제에 대한 판단을 요청하는 편지를 보낼 수 있다는 것이다. 열두 번째 규칙은 모든 주교는 당면한 과업에 대하여 자기 교구의 성직자들에게 통보하고, "성경 원어에 익숙하게 되는 데 있어서, 그만큼의 노력을 기울이도록 조치를 취하고 임무를 할당하여 각 개인의 연구 성과를 번역자 집단에 보내라."는 것이었다. 열세 번째 규칙은 각 번역조의 책임자를 임명한 것이었다. 열네 번째 규칙은 "번역하는 내용이 비숍 성경이 아닌 다른 번역본에 더 일치하는 경우에" 사용될 다섯 종류의 번역본을 열거한 것이었다. 그 다섯 번역본은 틴데일의 번역본, 틴데일과 존 로저스의 합작품인 매튜의 번역본, 커버데일의 번역본, 위트처치(Whitchurch)에 의해 인쇄되었으며 "크랜머의 번역본" 또는 "그레이트 성경"으로도 불리는 위트처치의 번역본, 그리고 "제네바 성경"이다. 이러한 규정의 목적은 새로운 단어나 표현을 사용함으로써 오는 의심의 여지를 가능한 한 피하려는 것이다. 킹제임스성경의 번역자들은 매우 신중하게 제시된 이 명령들을 주의 깊게 준수함으로써 우수한 번역본을 완성해 내는 데 있어서 큰 기여를 하게 되었다.

번역자들에게 전달된 이 규정들 외에 또 다른 것이 추가된 것 같다. 여섯 번역조의 책임자 외에도 "대학에 있으면서 이 작업에는 임무를 배정 받지 않은 고령의 권위 있는 성직자 서너 명"이 추가로 지원되었다. 이것은 차관들과 대학의 학장들로 하여금 "네 번째 규칙의 더 나은 수행을 위해서, 헬라어와 히브리어의 번역에 대한 감독자들"을 지명하게 한 것이다.

<킹제임스성경>

제임스왕의 명령에 의해 만들어진 〈킹제임스성경〉은 우수한 실력을 가진 신실한 학자들에 의해 약 7년간의 노력에 의해 만들어졌다. 하나님께서는 영어를 모국어로 사용하는 모든 사람들에게 하나님의 말씀으로서 최종권위가 되게 하셨으며, 이 성경을 가진 신실한 일꾼들을 통하여 전 세계에 복음과 진리의 지식이 전파되게 하셨다.

■ 새롭게 깨달았거나 적용할 내용이 있다면 적어 보세요. ■

NOTES

NOTES

제5과

개역한글판성경과 개역개정판의 문제들

『우리는 하나님의 말씀을 변개시킴으로써 *이익을 취하는* 여러 사람들과 같지 않고 오직 성실함으로써 또 하나님께로부터 난 자로서 하나님 앞에서와 그리스도 안에서 말하노라』(고후 2:17).

성경 변개의 기원

성경 변개의 기원은 창세기 3장 시점까지 거슬러 올라가는데, 그 변개의 역사가 6천여 년의 인류 역사만큼이나 오래된 것이다. 인류 최초의 여자는 간교한 "뱀"에게 속아(딤전 2:14) 하나님의 말씀을 삭제하고 첨가하고 다른 단어로 대체하는 중죄를 저질렀으니, 이것이 바로 최초의 인류가 범한 첫 번째 죄였다. 인류가 저지른 첫 번째 죄는 "불순종"이 아니었다. "살인"이나 "간음," "음행," "폭력" 또는 "도둑질"도 아니었다. 심지어 금지된 열매인 "선과 악의 지식의 나무에서 나는 것을 먹은 것"도 아니었다. 인류가 범한 "최초의 죄"는 다름 아닌 "성경 변개"였다. 성경 변개는 "삭제"(omission), "첨가"(addition), "대체"(substitution), 이상 세 가지 형태로 이루어진다.

마귀에게 미혹된 여자는 하나님의 말씀을 함부로 다루었는데, 하나님의 말씀을 제멋대로 왜곡하고 부패시키고 변개한 것이다. 첫째, 하나님의 말씀을 임의로 "삭제했다"(『마음대로』, 창 2:16 vs. 창 3:2). 둘째, 본래 없었던 단어를 하나님의 말씀에 멋대로 첨가했다(『만지지도 말라』, 창 2:17 vs. 창 3:3). 셋째, 마음대로 하나님의 말씀을 다른 단어로 대체하여 말씀의 진정한 의미를 약화시키고 왜곡했다(『반드시 죽으리라』, 창 2:17 vs. 『혹 죽을까 함이라』, 창 3:3). 상충되는 두 개의 권위 중, 오직 하나의 권위만 따라야 하는 선택의 기로에서, 최초의 인류는 하나님의 말씀의 권위를 택해야 했지만, 오히려 무시했고, 결국 사탄의 말의 권위를 선택함으로써 저주와 진노의 심판을 자초하고 말았다.

성경 변개에 대한 경고

『이는 내가 이 책의 예언의 말씀들을 듣는 각 사람에게 증거함이니 누구든지 이것들에 더하면 하나님께서 이 책에 기록된 재앙들을 그에게 더하실 것이요 또 누구든지 이 예언의 책의 말씀들에서 삭제하면 하나님께서 생명의 책과 거룩한 도성과 이 책에 기록된 것들에서 그의 부분을 제하여 버리시리라』(계 22:18,19).

위와 같은 "하나님의 엄중한 경고"를 무시하는 자들은 누구인가? 이 경고를 무시한 채 하나님의 말씀에 함부로 손을 대고 난도질하면서 제멋대로 겁도 없이 첨가하고 삭제하는 자들은 누구인가? 그런 변개된 성경들을 아무 생각 없이 사용하는 자들은 또 누구인가? "개역한글판성경"(1961)과 "개역개정판"(1998)을 쓰는 모든 목사들과 신학자들, 교인들, 교회들, 신학교들, 이단들이다! 이 성경들은 성경 전체에서 36,000군데 이상 변개되었고, 신약 성경에서만 2,200단어 이상 삭제되었다. 그뿐 아니라 "공동번역성서"(1977), "현대인의성경"(1986), "현대어성경"(1991), "표준새번역"(1993), "쉬운성경"(2001), "우리말성경"(2004) 등도 모두 변개된 성경들이다. 왜냐하면 이 변개된 성서들 모두 하나님의 말씀들을 지키고 보존하는 데 실패했기 때문이다. 누가 그런 "가짜 성경들"을 사용해도 된다고 허락했는가? 그 일을 허락한 "신"(God)이 있다면, 그 "신"(god)은 성경에서 말씀하는 "하나님"(God)이 아니고, 『이 세상의 신[god of this world]』(고후 4:4)인 "마귀"이다. 다음에 제시하는 "변개된 성서들의 실상"[〈성경 비교 소책자〉, pp.18-56의 내용을 발췌 편집한 내용]을 직접 확인해 보고, 올바르게 보존된 성경인 〈한글킹제임스성경〉을 개인의 "믿음과 실행의 최종권위"로 믿어야 한다.

"없음" - 13구절의 "절 전체 삭제"

"말씀"이신 예수 그리스도께서는 『**하늘과 땅은 없어져도 내 말들은 결코 없어지지 아니하리라.**』(마 24:35, 막 13:31, 눅 21:33)라고 말씀하셨다. 또한 『**진실로 내가 너희에게 말하노니, 하늘과 땅이 없어지기 전에는 율법의 일점 일획도 모든 것이 이루어질 때까지 결코 없어지지 아니하리라.**』(마 5:18)라고 말씀하셨다. 하지만 주님의 분명한 약속에도 불구하고 "개역한글판성경," "개역개정판" 등의 변개된 성경들은 "열세 구절"에서 "(없음)"으로 표기하고 "절 전체를 삭제"했다. 예수님을 거짓말쟁이로 만들고, 성경을 모순된 책으로 만든 것이다. 하지만 하나님께서는 "바르게 보존된 성경"을 통해 그 말씀들을 지키셨다.

구 절	<한글킹제임스성경>	<개역/개정판>
마태복음 17:21	그러나 이런 종류는 기도와 금식에 의하지 않고는 나가지 아니하느니라."고 하시더라.	(없음)
마태복음 18:11	인자가 온 것은 잃어버린 자를 구원하려는 것이라.	(없음)
마태복음 23:14	위선자인 서기관들과 바리새인들아, 너희에게 화 있으리라! 이는 너희들이 과부들의 집을 삼키며 남들에게 보이고자 길게 기도하기 때문이라. 그러므로 너희는 더 큰 심판을 받으리라.	(없음)
마가복음 9:44,46	그곳에는 그들의 벌레도 죽지 않고, 불도 꺼지지 아니하느니라.	(없음)
마가복음 11:26	그러나 만일 너희가 용서하지 아니하면 하늘에 계신 너희 아버지께서도 너희 허물을 용서하지 아니하시리라."고 하시더라.	(없음)
마가복음 15:28	그리하여 '그가 범죄자들과 더불어 헤아림을 받았다.'고 말한 성경이 이루어졌더라.	(없음)

누가복음 17:36	또 두 사람이 들에 있는데, 한 사람은 데려가게 되고 한 사람은 남게 되리라."고 하시니라.	(없음)
누가복음 23:17	(명절에는 반드시 그들에게 한 사람을 놓아주게 되어 있더라.)	(없음)
사도행전 8:37	빌립이 말하기를 "만일 당신이 마음을 다하여 믿으면 합당하니라."고 하니 그가 대답하여 말하기를 "나는 예수 그리스도가 하나님의 아들이신 것을 믿나이다."라고 하더라.	(없음)
사도행전 15:34	실라는 오히려 그곳에 머무는 것을 좋게 여기니라.	(없음)
사도행전 28:29	그가 이 말을 마치니 유대인들이 자리를 뜨더라. 그리고 그들 사이에 상당한 쟁론이 있더라.	(없음)
로마서 16:24	우리 주 예수 그리스도의 은혜가 너희 모두와 함께 있을지어다. 아멘.	(없음)
요한일서 5:7	이는 하늘에서 증거하시는 이가 세 분이시니, 아버지와 말씀과 성령이시요, 이 세 분은 하나이심이라.	(없음)

삼위일체와 예수 그리스도의 신성

1. 요한일서 5:7 "삼위일체의 강력한 증거" - "이 세 분은 하나이심이라."

<한글킹제임스성경>	**<개역/개정판>**
6 이분은 물과 피로 오신 분, 곧 예수 그리스도시라. 물로만이 아니라 물과 피로니라. 증거하시는 이는 성령이시니, 성령은 진리이시기 때문이라. 7 이	6 이는 물과 피로 임하신 자니 곧 예수 그리스도시라 물로만 아니요 물과 피로 임하셨고 7 증거하는 이는 성령이시니 성령은 진리니라

는 하늘에서 증거하시는 이가 세 분이시니, 아버지와 말씀과 성령이시요, 이 세 분은 하나이심이라.	※ 새번역, 쉬운성경 - 삭제

개역성경은 위 본문에서 7절 말씀을 삭제한 뒤, 6절 후반부를 분리해서 7절에 기록했다. 그러면서도 7절에 "(없음)"으로 표기하지 않고, 마치 7절이 있는 것처럼 의도적으로 "삭제 행위"를 감추고 있다. 삭제된 7절은 성경에서 "삼위일체"를 가장 강력하게 증거하는 매우 중요한 구절이다.

2. 디모데전서 3:16 "경건의 신비" - "하나님"과 "그"의 차이

<한글킹제임스성경>	<개역/개정판>
경건의 신비는 논쟁의 여지없이 위대하도다. 하나님께서는 육신으로 나타나셨고 성령으로 의롭게 되셨으며, 천사들에게 보이셨고 이방인들에게 전파되셨으며, 세상에서 믿은 바 되셨고 영광 가운데로 들려 올라가셨음이라.	크도다 경건의 비밀이여 그렇지 않다 하는 이 없도다 ○ 그는 육신으로 나타나신 바 되시고 영으로 의롭다 하심을 입으시고 천사들에게 보이시고 만국에서 전파되시고 세상에서 믿은 바 되시고 영광 가운데서 올리우셨음이라 ※ 새번역 - 그는, 쉬운성경 - 주님께서는

"예수 그리스도"는 『하나님』께서 육신으로 나타나신 분이다. 그러나 개역성경은 『하나님』을 "그"로 바꿨을 뿐 아니라, 본문의 『성령』을 모호한 "영"으로 변개함으로써 예수 그리스도와 관련된 모든 신성한 역사를 부정했다.

3. 사도행전 8:37 "믿는 자의 신앙고백"

<한글킹제임스성경>	<개역/개정판>
빌립이 말하기를 "만일 당신이 마음을	(없음)

다하여 믿으면 합당하니라."고 하니 그가 대답하여 말하기를 "나는 예수 그리스도가 하나님의 아들이신 것을 믿나이다."라고 하더라.	※ 새번역 · 쉬운성경 - 없음

"예수 그리스도"를 『하나님의 아들』로 고백하는 것은 그분께서 "하나님"이심을 고백하는 것이다(요 5:17,18; 20:31). 위 구절은 예수 그리스도의 신성을 증거하는 위대한 말씀이며, 오직 믿음으로 구원받는다는 진리를 명확하게 제시해 주는 말씀이고, 또한 예수 그리스도께서 하나님의 아들이심을 믿는 사람에게 침례를 베풀어야 한다는 성경적 원칙을 정확히 기록한 말씀이다(행 8:36-38).

4. 요한복음 9:35 "하나님의 아들" vs. "인자"

<한글킹제임스성경>	<개역/개정판>
예수께서 유대인들이 그를 쫓아내었다는 말을 듣고 난 후 그를 만나서 말씀하시기를 "너는 하나님의 아들을 믿느냐?"고 하시니	예수께서 저희가 그 사람을 쫓아냈다 하는 말을 들으셨더니 그를 만나사 가라사대 네가 인자를 믿느냐 ※ 새번역, 쉬운성경 - 인자

요한복음은 "하나님의 아들(신성)로 오신 예수 그리스도"(요 20:31)를 그 주제로 다루고 있다. 바로 이 구절에서도 예수 그리스도께서 소경이었다가 보게 된 사람에게 『**너는 하나님의 아들을 믿느냐?**』(요 9:35)라고 물으심으로 주님 자신의 신성을 직접 강조하셨다. 보게 된 그 사람은 하나님의 아들을 믿고자 했고, 주님께서는 주님 자신이 하나님의 아들이심을 밝히셨다(요 9:36,37). 그는 그 즉시 믿는다고 고백했으며 예수님을 하나님으로서 경배했다(요 9:38). 개역성경은 이 구절에서 "하나님의 아들"을 "인자," 곧 "사람의 아들"로 변개함으로 그 진리를 제거해 버렸다. 예수 그리스도께서는 죄인들이 그분을 하나님의 아

들로 믿을 때 영생을 주시는 "세상의 구주"이시다(요일 5:13).

5. 요한복음 6:69 "살아 계신 하나님의 아들" vs. "하나님의 거룩하신 자"

<한글킹제임스성경>	<개역/개정판>
우리는 주께서 그 그리스도, 곧 살아 계신 하나님의 아들이심을 믿으며 또 확신하나이다."라고 하니라.	우리가 주는 하나님의 거룩하신 자신 줄 믿고 알았삽나이다 ※ 새번역, 쉬운성경 - 하나님의 거룩한 분

베드로는 예수님께서 구약에 예언되신 『**그 그리스도**』(that Christ)이시며, 또 『**살아 계신 하나님의 아들**』, 곧 하나님이심을 믿고 확신한다는 신앙고백을 했다. 그러나 개역성경은 이 고백을 제거하고 "하나님의 거룩하신 자"라고 변개했는데, 이것은 예수님을 "하나님의 거룩한 사람들," 즉 선지자들이나 사도들을 포함한 "하나님의 거룩한 일꾼들" 중 하나로 격하시킨 것이다.

6. 사도행전 4:27 "아들" vs. "종"

<한글킹제임스성경>	<개역/개정판>
과연 주께서 기름부으신 주의 거룩하신 아들 예수를 대적하여 헤롯과 폰티오 빌라도가 이방인들과 이스라엘 백성들과 함께 모였으니	과연 헤롯과 본디오 빌라도는 이방인과 이스라엘 백성과 합동하여 하나님의 기름부으신 거룩한 종 예수를 거스려 ※ 새번역, 쉬운성경 - 종

『**거룩하신 아들**』이라는 표현은 예수님께서 하나님의 아들로서 하나님과 동등하신 분, 곧 하나님이심을 증거한다. 그러나 개역성경은 아들을 "종"으로 변개시킴으로 예수님의 신성을 격하시켰다. "아들"이라는 말씀은 어떤 다른 것으로도 대체되어서는 안 된다.

7. 다니엘 3:25 "하나님의" 아들 vs. "신들의" 아들

<한글킹제임스성경>	<개역/개정판>
왕이 대답하여 말하기를 "보라, 내가 보니, 네 사람이 풀려서 불 가운데서 걸어다니고 있는데, 그들이 다치지도 않았으며, 그 넷째의 모습은 하나님의 아들과 같도다." 하더라.	왕이 또 말하여 가로되 내가 보니 결박되지 아니한 네 사람이 불 가운데로 다니는데 상하지도 아니하였고 그 넷째의 모양은 신들의 아들과 같도다 하고 ※ 새번역, 쉬운성경 - 신의 아들

용광로 속에서 다니엘의 세 친구들을 보호해 주신 분을 성경은 『**하나님의 아들**』로 기록하고 있다. 이분이 바로 구약 시대에 나타나신 주 예수 그리스도이시다. 그런데 개역성경과 NIV 같은 변개된 성서들은 『**하나님의 아들**』을 "신들의 아들"로 변개함으로 예수 그리스도를 "이방 신들의 아들"로 격하시키는 죄를 범했다.

8. 스가랴 12:10 "나를" vs. "그를"

<한글킹제임스성경>	<개역/개정판>
또 내가 다윗의 집과 예루살렘의 거민들 위에 은혜와 간구의 영을 부어 주리라. 그러면 그들은 그들이 찔렀던 나를 쳐다볼 것이며, 그들이 그를 위하여 애통하리니, 마치 어떤 사람이 자기 외아들을 위하여 애통함같이 할 것이요, 그들이 그를 위하여 비통에 잠기리니 마치 어떤 사람이 자기 첫아들을 위하여 비통에 잠기듯 하리라.	내가 다윗의 집과 예루살렘 거민에게 은총과, 간구하는 심령을 부어 주리니 그들이 그 찌른바 그를 바라보고 그를 위하여 애통하기를 독자를 위하여 애통하듯 하며 그를 위하여 통곡하기를 장자를 위하여 통곡하듯 하리로다

스가랴 12:10에서 『**내가**』, 『**나를**』 등의 "1인칭 화자"는 1,4절의 『**주가 말하노라**』, 7,8절의 『**주는**』, 9절의 『**내가**』 등의 말씀에 따라, 『**주**』, 곧 "여호와 하나님"을 가리킨다. 그러므로 10절의 『**그들은 그들이 찔렀던 나를 쳐다볼 것이며**』라

는 말씀은 십자가에서 찔리신 예수 그리스도께서 본문에서 말씀하시는 주체인 구약의 『**주**』, 곧 여호와 하나님이심을 증거하는 것이다. 그러나 개역성경은 "그를"이라고 변개함으로써 이러한 진리를 제거했다.

9. 누가복음 23:42 "신성"을 나타내는 "주" vs. "인성"을 나타내는 "예수"

<한글킹제임스성경>	**<개역/개정판>**
예수께 말씀드리기를 "주여, 주께서 주의 왕국에 임하실 때 나를 기억하소서."라고 하니	가로되 예수여 당신의 나라에 임하실 때에 나를 생각하소서 하니 ※ 쉬운성경 - 예수님

삼위일체와 예수 그리스도의 신성을 부인하는 초기 이단들은 예수님께서 전적으로 인간으로 태어났다가(주님의 "동정녀 탄생"을 부인), 공생애 사역 직전 침례를 받으실 때 성령이 임하셔서 신성이 부여되었으나, 십자가에서 못 박히셨을 때 신성이 떠났다는 이단 교리를 가르쳤다. 성경 변개자들은 이러한 이단 교리에 따라 십자가에 달리신 예수님께 신성을 나타내는 이름인 『주』를 부여할 수 없다며 인성을 나타내는 이름인 "예수"로 변개시켰다.

10. 마가복음 1:2,3 "선지서들" vs. "선지자 이사야"

<한글킹제임스성경>	**<개역/개정판>**
2 선지서들에 기록된 바와 같으니 "보라, 내가 네 면전에 나의 사자를 보내리니, 그가 네 앞서 네 길을 예비하리라. 3 광야에서 외치는 자의 음성이 있어 '너희는 주의 길을 예비하고 그의 길들을 곧게 하라.'고 하는도다." 하였	2 선지자 이사야의 글에 보라 내가 내 사자를 네 앞에 보내노니 저가 네 길을 예비하리라 3 광야에 외치는 자의 소리가 있어 가로되 너희는 주의 길을 예비하라 그의 첩경을 평탄케 하라 기록된 것과 같이 ※ 새번역 - 예언자 이사야

더라.	※ 쉬운성경 - 이사야 예언자

마가복음 1:2,3은 말라기 3:1과 이사야 40:3을 인용한 것이기에, 바르게 보존된 성경에는 『**선지서들**』이라고 복수 형태로 기록되어 있다. 하지만 개역성경은 단지 "이사야"의 인용만 있는 것처럼 "선지자 이사야"라고 변개시켰는데, 2절 말씀은 "이사야" 어디에도 없다. 성경은 오류가 없으나 개역성경에 따르면 오류가 있는 것처럼 되어 버렸다. 오히려 마가복음 1:2은 말라기 3:1에 있으며, 그 말씀은 예수 그리스도께서 구약의 『**주**』, 곧 "여호와 하나님"이심을 증거한다. 마가복음 1:2이 말라기 3:1을 인용했다는 것이 입증되면, 신약의 예수 그리스도께서 구약의 "여호와 하나님"이심이 확증되는 것이다. 이런 이유로 인해 예수 그리스도의 신성을 부정하던 초기 성경 변개자들은 그 부분을 변개시켜 버렸고, 개역성경 같은 변개된 성서들도 똑같이 변개되어 있다.

11. 로마서 14:10-12 "그리스도" vs. "하나님"

<한글킹제임스성경>	**<개역/개정판>**
그런데 너는 어찌하여 네 형제를 판단하느냐? 어찌하여 네 형제를 업신여기느냐? 우리가 모두 그리스도[Christ]의 심판석 앞에 서리라. 이는 기록된 바 "주[Lord]가 말하노라. 내가[I] 살아 있으니 모든 무릎이 내게[me] 꿇을 것이요, 모든 혀가 하나님[God]께 자백하리라."고 하였음이라. 그러므로 우리 각 사람이 하나님[God]께 자신에 관해 설명하리라.	네가 어찌하여 네 형제를 판단하느뇨 어찌하여 네 형제를 업신여기느뇨 우리가 다 하나님의 심판대 앞에 서리라. 기록되었으되 주께서 가라사대 내가 살았노니 모든 무릎이 내게 꿇을 것이요, 모든 혀가 하나님께 자백하리라 하였느니라 ※ 새번역, 쉬운성경 - 하나님의 심판대

10절의 『**그리스도의 심판석**』은 천년왕국 전에 주 예수 그리스도께서 "그리

스도인들"(『**형제**』, 『**우리가 모두**』, 『**우리 각 사람**』)에게 그들의 행위에 따른 면류관과 유업을 내리시는 심판이다. "하나님의 심판대"는 "하나님 앞에서" 죽은 자들이 받는 "백보좌 심판"을 뜻한다(계 20:11-15). 교리적으로 심판받는 대상도 다르며 시기도 1,000년의 간격이 있다. 10절의 『**그리스도의 심판석**』이라는 표현은 예수 그리스도께서 교회를 휴거시키신 후 행하실 심판으로, 문맥을 보면 11절에서 『**그리스도**』를 『**주**』라고 말씀하며, 12절에서는 『**그리스도**』를 『**하나님**』이라고 기록함으로써 "그리스도의 신성"을 증거한다. 만일 개역성경처럼 "하나님의 심판대"로 변개되면 이러한 진리는 제거되고 만다.

12. 미카 5:2 "영원" vs. "태초"

<한글킹제임스성경>	<개역/개정판>
그러나 너 베들레헴 에프라타야, 네가 비록 유다의 수천 가운데서 작을지라도 이스라엘을 통치할 자가 너로부터 내게로 나오리라. 그의 나오심은 예로부터요, 영원부터였느니라.	베들레헴 에브라다야 너는 유다 족속 중에 작을지라도 이스라엘을 다스릴 자가 네게서 내게로 나올 것이라 그의 근본은 상고에, 태초에니라 ※ 새번역 - 태초 쉬운성경 - 멀고 먼 옛날

하나님이신 예수 그리스도께서는 "영원부터" 계신 분이다. 그러나 "태초"는 세상의 창조 때로서 개역성경과 같이 "그의 근본(NIV, NLT - 기원)은 상고에, 태초에니라"로 변개한 것은, 예수님을 "태초에 시작된" 분으로 만들고, 또 예수님을 "피조된 신"으로 격하시키는 죄를 범한 것이 된다. 말하자면 개역성경의 번역은 삼위일체와 예수 그리스도의 신성을 부정하는 "여호와의 증인들"의 주장과 동일하다. 여호와의 증인들은 예수님께서 태초에 아버지 하나님에 의해 첫 번째로 창조된 하나님, 곧 아버지 하나님보다 열등한 하나님이라고 주장하는데, 개역성경은 그러한 가르침을 담고 있는바 매우 심각하게 변개된 성경이다.

자기들 성경에 여호와의 증인들과 똑같은 교리를 담고 있으면서도 그들을 이단이라고 정죄하는 것은 심각한 모순이요 위선이 아닐 수 없다.

13. 골로새서 1:15 "피조물의 첫태생" vs. "모든 창조물보다 먼저 나신 자"

<한글킹제임스성경>	<개역/개정판>
그는 보이지 않는 하나님의 형상이시며 모든 피조물의 첫태생이시니	그는 보이지 아니하시는 하나님의 형상이요 모든 창조물보다 먼저 나신 자니 ※ 쉬운성경 - 이 세상 만물보다 먼저 계신 분

주 예수 그리스도께서는 "성령으로 태어나신" 첫 번째 분이시며(히 1:5,6, 눅 1:35, 마 1:20), 이것은 "동정녀 탄생"을 의미한다. 말하자면 주님께서는 물과 "성령으로 태어나서" 하나님의 나라에 들어가는 많은 그리스도인 가운데 "첫태생"이 되신 것이다(롬 8:29). 따라서 거듭난 그리스도인들은 그리스도 안에서 "새로운 피조물"로 불린다(고후 5:17). 개역성경은 예수님을 "모든 창조물보다 먼저 나신 자"라고 기록함으로 여호와의 증인들이 가르치는 마귀의 교리와 똑같이 변개시켰다. 그들은 예수님이 태초에 아버지 하나님에 의해 "창조된 하나님"이며, 그렇게 창조된 이후 하나님께서는 그 아들에게 창조를 위임했다고 가르친다. 따라서 골로새서 1:16,17에서 "만물이 그에게 창조되되... 만물이 그로 말미암고 그를 위하여 창조되었고 또한 그가 만물보다 먼저 계시고 만물이 그 안에 함께 섰느니라"(개역성경)라는 번역은 여호와의 증인들의 교리를 그대로 가르치는 것이다. 이렇듯 여호와의 증인들의 교리를 변개된 성서를 통해 버젓이 가르치고 있으면서도, 자신들을 그런 이단과 분리시키는 행위는 마귀가 쳐놓은 일종의 "이중 암막 장치"이다. 이런 마귀의 속임수에 절대로 미혹되지 말아야 한다. 『**나의 사랑하는 형제들아, 속지 말라**』(약 1:16).

14. 요한복음 1:18 "독생자" vs. "독생하신 하나님"

<한글킹제임스성경>	<개역/개정판>
아무도 어느 때나 하나님을 본 사람이 없지만 아버지의 품 안에 계신 독생자, 그가 하나님을 분명히 밝히셨느니라.	본래 하나님을 본 사람이 없으되 아버지 품속에 있는 독생하신 하나님이 나타내셨느니라

『독생자』(the only begotten Son)라는 이름은, 하나님께서 성령님을 통해 동정녀 마리아에게 잉태케 하시어 낳으신 유일한 『아들』이 "예수님"이시라는 뜻이다(마 1:20,21, 눅 1:31,32). 그러나 여호와의 증인들의 "신세계역본"(NWT)에는 "the only-begotten god"(유일하게 태어난 신)으로 변개되어 있는데, 이것은 "예수님을 피조된 신"으로 가르치는 그들의 "이단 교리"에 따른 것이다. 이런 이유로, 교회사 초기에 예수 그리스도의 신성을 부인하던 성경 변개자들은 『독생자』(the only begotten Son)에서 "아들"(Son)을 뜻하는 헬라어 단어 "휘오스"(υἱός)를 하나님을 뜻하는 "테오스"(θεός)로 변개시켰다. 즉 예수님을 "독생하신(유일하게 태어난) 하나님"이라고 한 것이다. 이런 변개를 개역성경을 비롯한 현대 번역본들이 그대로 답습함으로 예수님을 "피조된 하나님"으로 만들었다.

15. 마태복음 1:23 "우리와 함께하시는 하나님" vs. "하나님이 우리와 함께 계시다"

<한글킹제임스성경>	<개역/개정판>
"보라, 한 처녀가 잉태하여 한 아들을 낳으리니, 그의 이름을 임마누엘이라 하리라." 하셨으니, 이를 해석하면 '우	보라 처녀가 잉태하여 아들을 낳을 것이요 그 이름은 임마누엘이라 하리라 하셨으니 이를 번역한즉 하나님이 우

리와 함께하시는 하나님.'이라.	리와 함께 계시다 함이라 ※ 새번역 - 하나님이 우리와 함께 계시다

예수 그리스도께서는 하나님께서 성육신하시어 이 땅에 오신 분이다. 따라서 성경은 성령으로 잉태되어 한 처녀에게서 태어난 아들의 이름을 『**임마누엘**』이라고 말씀하셨으며, 그 뜻은 "문자 그대로" 『**우리와 함께하시는 하나님**』이다. 성경은 동정녀 탄생을 통해 이 땅에 오신 『**한 아들**』을 『**하나님**』이라고 기록하고 있다. 그런데 개역성경 같은 변개된 성서들은 『**하나님**』이라는 이름을 변개하여 "하나님이 우리와 함께 계시다"라는 서술형으로 번역하여 성경 본래의 의미를 제거해 버렸다.

16. 요한계시록 1:11 "알파와 오메가, 처음과 마지막이신 주님"

<한글킹제임스성경>	<개역/개정판>
말씀하시기를 "나는 알파와 오메가요 처음과 마지막이라. 그러므로 네가 보는 것을 책에 써서 아시아에 있는 일곱 교회, 곧 에베소와 스머나와 퍼가모와 두아티라와 사데와 필라델피아와 라오디케아에 보내라." 하시더라.	가로되 너 보는 것을 책에 써서 에베소, 서머나, 버가모, 두아디라, 사데, 빌라델비아, 라오디게아 일곱 교회에 보내라 하시기로 ※ 새번역, 쉬운성경 - 삭제

『**나는 알파와 오메가요 처음과 마지막이라.**』라는 말씀은 예수 그리스도께서 영원부터 영원까지 살아 계시는 창조주 하나님, 곧 "주님 자신의 신성"을 나타내신 표현이다. 이 말씀 역시 초기 성경 변개자들이 "예수 그리스도의 신성"을 부정함으로써 삭제했다. 개역성경 같은 현대 번역본들도 위 본문을 바르게 보존한 "다수 필사본의 증거들"을 거부함으로써 삭제해 버렸다. 하지만 성경은 예수 그리스도께서 『**참 하나님이시며 영원한 생명**』(요일 5:20)이시라고 분명하게 증거하고 있다.

17. 요한복음 3:13 "하늘에 있는"

<한글킹제임스성경>	<개역/개정판>
하늘에서 내려온 이, 곧 하늘에 있는 인자 외에는 아무도 하늘에 올라간 자가 없느니라.	하늘에서 내려온 자 곧 인자 외에는 하늘에 올라간 자가 없느니라 ※ 새번역, 쉬운성경 - 삭제

『**하늘에서 내려온**[과거 시제] **이**』는 예수 그리스도이시고, 그와 동시에 그분은 "현재" 『**하늘에 있는**』 인자이시며, 또한 그 인자이신 분 외에는 아무도 『**하늘에 올라간**』, 곧 "현재 하늘에 올라가 있는[현재 완료] 자"가 없다는 말씀은 초림 당시 시공간의 제약 없이 땅과 하늘에 동시에 계셨던 예수님이 바로 "무소부재하신 하나님"이심을 증거한다. 이 구절은 예수님의 신성을 강력히 증거하는데, 개역성경 같은 변개된 성서들은 『**하늘에 있는**』을 삭제하여 그러한 진리를 제거해 버렸다.

예수 그리스도의 신성을 증거하는 구절들

1. 이사야 7:14 "한 처녀" vs. "젊은 여자"

<한글킹제임스성경>	<개역/개정판>
그러므로 주께서 친히 한 표적을 너희에게 주시리라. 보라, 한 처녀가 임신하여 한 아들을 낳으리니 그의 이름을 임마누엘이라 하리라.	그러므로 주께서 친히 징조로 너희에게 주실 것이라 보라 1) 처녀가 잉태하여 아들을 낳을 것이요 그 이름을 임마누엘이라 하리라 ※ 개역성경 난외주 - 1) 젊은 여자가

	잉태하였으니 새번역 난외주 - '젊은 여인'이

"동정녀 탄생"은 예수 그리스도의 신성을 증거하는 핵심 교리다. 성경은 분명히 『**한 처녀**』라고 말씀하는데(마 1:23), 개역성경과 표준새번역은 난외주에서 "젊은 여자" 혹은 "젊은 여인"이라고 주장함으로 자유주의 사상을 반영했다. 개역성경 같은 변개된 성서들이 본문에 숫자를 표기하여 난외주를 달아 놓은 것은, 그 구절이 난외주의 내용처럼 번역될 수 있음을 우회적으로 강조한 것이다. 이 구절처럼 예수 그리스도의 동정녀 탄생이 부정되면 주님의 신성이 부정되는 것이기에, 주님의 피의 속죄와 부활, 승천 등과 같은 믿음의 근간이 흔들리고 만다.

2. 마태복음 1:25 "첫아들" vs. "아들"

<한글킹제임스성경>	<개역/개정판>
그녀가 <u>첫아들</u>을 낳기까지 그녀를 알지 아니하였다가 *낳으니* 그의 이름을 예수라 하더라.	<u>아들</u>을 낳기까지 동침치 아니하더니 낳으매 이름을 예수라 하니라 ※ 새번역, 쉬운성경 - 아들

"마리아가 '첫아들'을 낳았다는 것"은 "그녀에게 또 다른 자녀들이 있다는 뜻"이 된다. 이 점은 예수님의 탄생이 동정녀 마리아를 통해서 성령님에 의해 이루어진 일이지만, 그 후 마리아가 다른 형제들도 낳았다는 것을 보여 준다. 마리아가 낳은 자녀들, 곧 예수님의 육신의 형제들에 대한 말씀은 성경의 여러 곳에서 발견되는데(막 3:31; 6:3, 요 7:3,5, 행 1:14, 고전 9:5), 로마카톨릭은 성경에 없는 "마리아 숭배"를 조장하기 위해 마리아의 영원한 처녀성을 주장하려고 첫아들의 "첫"(firstborn)을 삭제했다. 개역성경을 비롯한 변개된 성서들은

로마카톨릭의 비성경적인 교리를 그대로 반영하고 있는 로마카톨릭 성서들이다.

3. 누가복음 2:33,43 "요셉과 주의 모친" vs. "부모"

<한글킹제임스성경>	<개역/개정판>
33 요셉과 주의 모친이 그 아기에 관한 것을 듣고 이상히 여기더라... 43 그 절기가 끝나서 돌아올 때, 아이 예수께서는 예루살렘에 머물렀으나, 요셉과 주의 모친은 그것을 모르더라.	33 그 부모가 그 아기에 대한 말들을 기이히 여기더라 43 그 날들을 마치고 돌아갈 때에 아이 예수는 예루살렘에 머무셨더라 그 부모는 이를 알지 못하고 ※ 새번역 - 아기의 아버지와 어머니 쉬운성경 - 예수님의 아버지와 어머니

『**요셉과 주의 모친**』이라는 표현은, 요셉이 실제로는 예수님의 육신의 아버지가 아님을 보여 준다. 개역성경을 비롯한 변개된 성서들은 이러한 성경적 진리를 제거하여 단지 "부모"라고만 기록함으로써 요셉이 예수님의 육신의 아버지인 것처럼 보이게 했고, 또 그렇게 함으로 예수님의 육신적인 출생과 관련된 동정녀 탄생의 교리를 부인하는 입장을 표방하고 있다. 물론 누가복음 2:27,41에서 『**부모**』라는 표현이 두 번 나오지만, 이것은 당시 예수님 주변 사람들이 사용한 통상적인 지칭일 뿐이며, 이와는 달리 33,43절에서는 각각 『**요셉과 주의 모친**』이라고 그 실상을 정확히 구분해서 보여 주고 있다. 요셉은 "호적상으로" 예수님의 육신의 아버지로 되어 있었지만, 예수님은 결코 요셉의 문자적인 씨를 통해 오시지 않았다. 예수님께서는 "남자를 모르는 동정녀 마리아"을 통해 성령으로 잉태되어 오신 분임이 분명하다. 특히 예수님께서는 48절에서 마리아가 『**네 아버지와 내가 걱정하며 너를 찾았다.**』라고 했을 때, 『**어찌하여 나를 찾으셨나이까? 내가 나의 아버지의 일을 해야 될 줄을 알지 못하셨나이까?**』(49절)라고 하심으로 그분의 참 아버지가 누구이신가를 분명하게 밝히셨다. 이렇듯 개역성경을 비롯한 현대 번역본들의 "그 부모"라는 번역은 심각한 변개이다.

4. 마태복음 8:2 "경배" vs. "절"

<한글킹제임스성경>	<개역/개정판>
그런데, 보라, 한 문둥병자가 나아와서 주께 경배드리며 말씀드리기를 "주여, 주께서 원하시면 저를 깨끗게 하실 수 있나이다."라고 하니,	한 문둥병자가 나아와 절하고 가로되 주여 원하시면 저를 깨끗케 하실 수 있나이다 하거늘 ※ 새번역 - 절하면서 쉬운성경 - 절을 하고

사람이 "경배"를 한다는 것은 자신이 경배하는 대상을 "하나님"으로 믿고 섬긴다는 의미이다. 그래서 하나님께서는 하나님 자신 외에 다른 신들에게는 경배하지 말라고 명령하셨다(출 34:14). 사도 베드로는 코넬료가 자신에게 경배하려고 했을 때 『**일어서라, 나도 사람이라.**』라고 말함으로써 그의 경배를 거절했다(행 10:25,26). 천사도 경배를 거부하면서 오직 『**하나님께 경배하라.**』(계 22:8,9)라고 말한다. 반면에 예수 그리스도께 경배한다는 것은 그분을 하나님으로 믿는다는 사실을 나타내는 것인데, 『**너는 주 너의 하나님께 경배하고 오직 그분만을 섬기라.**』(마 4:10)라고 말씀하신 예수님께서 경배를 받으셨다면, 그것은 예수님 자신이 하나님이심을 직접 나타내 보이신 것이다.

하지만 변개된 성경들은 성경 곳곳에서 예수 그리스도께 경배드리는 것을 단순히 "절하다" 혹은 "무릎 꿇다"로 바꿈으로써 예수 그리스도의 신성을 증거하는 본문을 훼손시켰다. 다음의 구절들을 비교해 보라.

1) 마태복음 9:18

<한글킹제임스성경>	<개역/개정판>
주께서 이러한 것들을 그들에게 말씀하고 계시는데, 보라, 어떤 관원이 그에게 와서 경배하며 말하기를 "제 딸이 방금 죽었나이다. 그러나 오셔서 그 아	예수께서 이 말씀을 하실 때에 한 직원이 와서 절하고 가로되 내 딸이 방장 죽었사오나 오셔서 그 몸에 손을 얹으소서 그러면 살겠나이다 하니

이에게 안수하여 주소서. 그러면 그 아이가 살아나겠나이다."라고 하더라.	※ 새번역 - 절하며 쉬운성경 - 절하고

2) 마태복음 20:20

<한글킹제임스성경>	<개역/개정판>
그때에 세베대의 자녀들의 어머니가 자기 아들들과 함께 주께 와서 경배하며 무엇인가를 그에게 구하더라.	그 때에 세베대의 아들의 어미가 그 아들들을 데리고 예수께 와서 절하며 무엇을 구하니 ※ 새번역 - 절하며, 쉬운성경 - 절하고

3) 마가복음 5:6

<한글킹제임스성경>	<개역/개정판>
그가 멀리서 예수를 보고 달려와 경배하고	그가 멀리서 예수를 보고 달려와 절하며 ※ 새번역 - 엎드려서 쉬운성경 - 엎드려 절을 하셨습니다.

4) 요한복음 9:38

<한글킹제임스성경>	<개역/개정판>
그때 그가 말씀드리기를 "주여, 내가 믿나이다." 하고 주께 경배하더라.	가로되 주여 내가 믿나이다 하고 절하는지라 ※ 새번역 - 엎드려 절하였다 쉬운성경 - 무릎을 꿇었습니다.

■ 새롭게 깨달았거나 적용할 내용이 있다면 적어 보세요. ■

예수 그리스도의 구속 사역 - 구원

1. 마태복음 18:11 "인자가 온 이유"

<한글킹제임스성경>	<개역/개정판>
인자가 온 것은 잃어버린 자를 구원하려는 것이라.	(없음) ※ 새번역, 쉬운성경 - 없음

2. 마태복음 9:13 "죄인들을 회개에 이르게 하려고"

<한글킹제임스성경>	<개역/개정판>
너희는 가서 '나는 자비를 원하고 희생제를 원치 아니하느니라.'는 말씀의 의미를 배우라. 나는 의인들을 부르러 온 것이 아니요, 죄인들을 불러 회개에 이르게 하려고 왔노라."고 하시니라.	너희는 가서 내가 긍휼을 원하고 제사를 원치 아니하노라 하신 뜻이 무엇인지 배우라 내가 의인을 부르러 온 것이 아니요 죄인을 부르러 왔노라 하시니라 ※ 새번역, 쉬운성경 - 삭제

예수 그리스도께서 이 땅에 오신 목적은 "잃어버린 자를 구원하기 위한 것"이다. 이 중대한 구속 사역과 관련하여 개역성경을 비롯한 변개된 성서들은 마태복음 9:13에서 죄인을 "회개에 이르게 하려고" 오셨다는 말씀을 삭제했고, 마태복음 18:11에서는 구절 전체를 삭제했다. 이것은 "죄인이 회개하고" 예수 그리스도를 구주로 받아들이는 것을 거부한 채, 다른 방법으로 죄의 문제를 해결할 수 있음을 주장하는 것과 같다. 예수 그리스도의 신성을 부인하면, 당연히 예수 그리스도를 통해서만 구원받는다는 진리도 거부될 수밖에 없다. 바른 성경에는 예수 그리스도께서 오신 목적이 논쟁의 여지없이 분명히 기록되어 있지만, 변개된 성서들은 거짓 교리를 가르칠 수 있는 틈을 만들어 놓았다.

3. 요한복음 1:29 "제거하는" vs. "지고 가는"

<한글킹제임스성경>	<개역/개정판>
그 다음 날 요한이 예수께서 자기에게 오시는 것을 보고 말하기를 "보라, 세상 죄를 제거하는 하나님의 어린양이라.	이튿날 요한이 예수께서 자기에게 나아오심을 보고 가로되 보라 세상 죄를 지고 가는 하나님의 어린 양이로다 ※ 새번역, 쉬운성경 - 지고가(시)는

율법에 따른 동물의 희생제사는 죄인들을 "온전케" 하거나 죄들을 "제거하는" 것이 불가능했다(히 10:1,4,11). 즉 죄악과 허물과 죄가 "용서되지만," 범법자가 "결코 깨끗게 되지는 않았다"(출 34:7). 이런 이유로 예수 그리스도께서 오신 것이고, "하나님의 어린양"으로서 한 번 속죄제를 영원히 드리심으로 거룩하게 된 자들을 "영원히 온전케" 하신 것이다(히 10:10,12,14). 예수 그리스도의 구속 사역은 죄들을 덮어 주는 의미의 용서가 아니라, "영원히 제거하는" 용서이다. 그 이유는 하나님의 어린양이신 예수 그리스도께서 하나님으로서 죄인들을 대신하셨기 때문이다. 즉 "하나님의 피"가 흘려진 것이기에(행 20:28), 구약의 속죄제물의 피와는 근본적으로 다른 것이다. 바로 이것이 구약과 신약을 나누는 구분점이며, 예수 그리스도께서 세상 죄들을 "제거하는" 하나님의 어린양이신 이유이다. 말하자면 세상 죄를 단지 "지고 간다"는 번역은 하나님께서 말씀하시는 것을 전혀 전달하지 못하는 심각한 변개이다.

4. 요한복음 6:47 "나를 믿는 사람" vs. "믿는 자"

<한글킹제임스성경>	<개역/개정판>
진실로 진실로 내가 너희에게 말하노니, 나를 믿는 사람은 영생을 가졌나니	진실로 진실로 너희에게 이르노니 믿는 자는 영생을 가졌나니

	※ 새번역, 쉬운성경 - 믿는

구원은 "믿는 대상"이 분명해야 한다. 즉 "예수 그리스도를 믿어야" 구원받는다(행 16:31). 예수 그리스도께서 십자가에서 피 흘려 죽으시고 장사되셨다가 사흘 만에 부활하심으로, 죄인들의 모든 죄를 제거하시고 영원한 용서를 이루셨다는 사실을 마음으로 믿으면 구원받는 것이다. 단지 예수 그리스도께서 역사적으로 존재하셨다는 것만 믿어서는 구원받을 수 없다. 더욱이 무엇을 믿어야 할지 정확히 모르는 상태에서, 단순히 교회에 다니거나 믿는다고 말만 하는 것은 구원과 아무런 관계가 없다. "구원"은, 예수 그리스도께서 "죄인 자신과의 관계에서 어떤 분"이시며, "죄인을 위해 무슨 일을 완성해 놓으셨는지"를 정확히 알고 그분을 믿을 때 받을 수 있다. 따라서 단순히 "믿는 자"라는 말은, 믿음의 대상이 막연하기 때문에 요한복음 6:47에서 말씀하는 영생을 얻는 요건에 부합하지 않는다. 『나』, 곧 예수 그리스도를 믿을 때 구원받게 된다는 사실을 유념해야 한다.

5. 골로새서 1:14 "그의 보혈을 통하여"

<한글킹제임스성경>	**<개역/개정판>**
그 안에서 우리가 <u>그의 보혈을 통하여</u> 구속, 곧 죄들의 용서함을 받았느니라.	그 아들 안에서 우리가 구속 곧 죄 사함을 얻었도다 ※ 새번역 - 삭제

"죄의 용서의 핵심"은 예수 그리스도의 "피의 속죄"이다. 성경은 예수 그리스도의 보혈이 "사람의 피"가 아닌 "하나님의 피"라고 말씀한다(행 20:28). 또한 율법에서도 "피 흘림이 없이는 죄 사함이 없다"고 말씀하며(히 9:22), 에베소서 1:7에서도 『**그 사랑하시는 이 안에서 우리가 그의 은혜의 풍성함을 따라 그의**

보혈을 통하여 구속, 곧 죄들의 용서함을 받았느니라.』라고 말씀하시면서 보혈을 강조한다. 예수 그리스도의 신성을 부인하는 사람들은 주님의 보혈의 능력을 격하시키고, 주님의 보혈이 죄를 용서하는 유일한 수단임을 거부한다. 따라서 "그의 보혈을 통하여"가 삭제되면 다양한 종교적 "행위들"에 의한 죄의 용서와 대안들을 제시할 수 있다. 예수 그리스도의 보혈을 믿는 믿음 외에 다른 "구원의 길"이 있다면서, 변개된 성서들을 통해 미혹할 수 있는 것이다.

6. 베드로전서 2:2 "구원받은 자의" 성장 vs. "구원받기 위한" 행위

<한글킹제임스성경>	<개역/개정판>
갓난 아기들로서 순수한 말씀의 젖을 사모하라. 이는 너희가 그것으로 인하여 자라게 하려 함이니라.	갓난 아이들같이 순전하고 신령한 젖을 사모하라 이는 이로 말미암아 너희로 구원에 이르도록 자라게 하려 함이라. ※ 새번역 - 구원에 이르게 하려는, 쉬운성경 - 구원을 받게 될

구원은 마음으로 믿고 입으로 고백하면(롬 10:9,10) 즉시 받는 것인데, 변개된 성서들은 구원을 종교적인 노력의 결과로 얻어지는 산물이라고 가르친다. 따라서 "구원에 이르도록 자라게"라고 번역한 개역성경은 "행위에 의한 구원"을 가르치고 있는 것이다. 여호와의 증인들의 "신세계역본"(NWT, 1961)도 개역성경과 똑같이 번역되어 있는데, 이는 두 성경들의 기원이 같기 때문이다. 이러한 성경 변개로 인해 한국 기독교는 "칭의 구원"을 받고 신앙생활을 통해 "성화 구원"을 따로 받아야 하는 것처럼 가르치고 있다. 믿음으로 구원받고 그 뒤 자신의 행위들로 자신들의 구원을 유지해야 한다고 생각하는 것인데, 사도 바울은 그런 신앙을 가졌던 "어리석은 갈라디아인들"을 바로잡기 위해 갈라디아서를 쓰기도 했다(갈 3:10,11,17-29; 5:4). 한국 교회 안에는 변개된 개역성경에 근거하여 구원을 위해 노력하고 있는 "어리석은 갈라디아인들"이 많다.

7. 요한복음 3:36 "믿지 않는" vs. "순종치 아니하는"

<한글킹제임스성경>	<개역/개정판>
아들을 믿는 자는 영생을 가졌고 그 아들을 믿지 않는 자는 생명을 보지 못하고 오히려 하나님의 진노가 그 사람 위에 머물러 있느니라."고 하더라.	아들을 믿는 자는 영생이 있고 아들을 순종치 아니하는 자는 영생을 보지 못하고 도리어 하나님의 진노가 그 위에 머물러 있느니라 ※ 새번역 - 순종하지 않는 쉬운성경 - 거역하는

8. 히브리서 4:6 "믿음 없음"으로 인하여 vs. "순종치 아니함"을 인하여

<한글킹제임스성경>	<개역/개정판>
그러므로 누군가 거기에 들어가야만 하는 일이 남아 있으나 먼저 복음을 들은 자들은 믿음 없음으로 인하여 들어가지 못한 것이라.	그러면 거기 들어갈 자들이 남아 있거니와 복음 전함을 먼저 받은 자들은 순종치 아니함을 인하여 들어가지 못하였으므로 ※ 새번역 - 순종하지 않았으므로 쉬운성경 - 불순종했기 때문에

이 구절은 광야의 이스라엘 백성이 약속의 땅인 "카나안 땅"으로 진군해 들어가기를 거부한 것이 그들의 "믿음 없음 때문"이었다고 말씀한다. 그러나 배교한 교회들은 변개된 성서들의 위와 같은 변개된 본문을 가지고 "순종을 통한 행위 구원"을 가르치는 오류를 범하고 있다. 교회 시대의 구원은 오직 믿음으로 말미암아 은혜로 받는 것이며(엡 2:8,9), 율법의 행위가 아닌 예수 그리스도를 믿음으로 인하여 의롭게 되는 것이다. **『사람이 율법의 행위로 의롭게 되는 것이 아니요, 예수 그리스도를 믿음으로 인하여 되는 줄 알고 우리도 예수 그리스도를 믿었나니, 이는 우리가 율법의 행위로써가 아니라 그리스도를 믿음으로 인하여 의로워지고자 함이라. 이는 율법의 행위로는 아무 육체도 의롭게 될 수**

없음이라』(갈 2:16).

9. 요한계시록 21:24 "구원받은 자들의 민족들" vs. "만국"

<한글킹제임스성경>	<개역/개정판>
그리하여 구원받은 자들의 민족들이 그 도성의 빛 가운데서 걷겠으며 땅의 왕들이 그들의 영광과 존귀를 그곳으로 가져오리라.	만국이 그 빛 가운데로 다니고 땅의 왕들이 자기 영광을 가지고 그리로 들어오리라 ※ 새번역 - 민족들이 쉬운성경 - 세상 모든 민족이

요한계시록 21:24은 천년왕국 이후 영원에서 펼쳐질 거룩한 도성 "새 예루살렘"에 관한 말씀인데, 그 도성에는 "구원받는 자들"만 들어갈 수 있다. 요한계시록 21:27에서도 다음과 같이 말씀한다. 『**무엇이든지 더럽게 하는 것이나 가증한 일을 행하는 자나 거짓말하는 자는 결코 그곳에 들어오지 못할 것이며, 다만 어린양의 생명의 책에 기록된 자들만이라.**』 그런데 개역성경을 비롯한 변개된 성서들은 단지 "만국," 혹은 "민족들," "세상의 모든 민족"이라고 번역함으로써 "만인구원론" 같은 이단 사상의 근거를 제공했다.

예수 그리스도의 부활과 승천

1. 욥기 19:26 "내 몸을 입고" vs. "내가 육체 밖에서"

<한글킹제임스성경>	<개역/개정판>
내 피부에 벌레들이 이 몸을 멸한 뒤에라도 내가 내 몸을 입고 하나님을 보리라.	나의 이 가죽, 이것이 썩은 후에 내가 육체 밖에서 하나님을 보리라 ※ 새번역, 쉬운성경 - 삭제

욥기 19:26에서 "욥"은 자신의 몸이 부패한다 해도 자신의 몸을 입고 하나님을 볼 것이라고 말한다. 이것은 "몸의 부활"을 언급하는 것이다. 전후 문맥을 보면 단순히 죽은 이후에 하나님 앞에 가는 것이 아님을 알 수 있다(25-27절). 이렇게 몸의 실제적인 부활을 증거하는 말씀을 개역성경은 "욥"이 "육체 밖에서" 하나님을 본다는 것으로 변개시킴으로 "몸의 부활의 진리"를 제거했다.

2. 사도행전 1:3 "무오한 증거" vs. "확실한 증거"

<한글킹제임스성경>	<개역/개정판>
예수께서 고난을 당하신 후 자신이 살아 계심을 그들에게 많은 무오한 증거들로 보여 주시고 사십 일 동안 그들에게 보이시며 하나님의 나라에 관한 일들을 말씀하셨노라.	해받으신 후에 또한 저희에게 확실한 많은 증거로 친히 사심을 나타내사 사십 일 동안 저희에게 보이시며 하나님 나라의 일을 말씀하시니라 ※ 새번역 - 여러 가지 증거 쉬운성경 - 여러 가지 방법

어떤 것이 거짓말이나 망상이라 해도 누군가는 그것을 "확신"할 수 있다. 또 "많은 증거들"이 있어도 여전히 거짓일 수 있다. 예를 들면, 진화론자들은 그들 나름대로 많은 증거들을 제시하고 있지만 모두 다 거짓된 것들일 뿐이다. 또한 많은 변호사들이 해 왔던 것처럼 "의심할 여지없이" 증명되고서도 여전히 실수할 수 있다. 어떤 것이 "제시되어" 그것을 "확신"할 수 있다 해도 여전히 그것은 틀릴 수가 있다. 그러나 성경이 우리 예수 그리스도의 부활의 증거, 곧 5백 명에게 부활하신 몸을 보여 주시고, 40일 동안 이 땅에 계시면서 제자들과 함께 지내며 식사를 같이 하시고, 성경 말씀을 강론해 주신 "예수 그리스도의 부활의 증거"를 말씀할 때, 바른 성경은 "무오한"(infallible)이란 단어를 사용하고 있다. "무오한 성경"이 제시하는 부활의 증거는 변개된 성서들에서처럼 "확실한 증거"가 아니라 문자 그대로 절대 틀리지 않고 절대로 옳은 "무오한" 증거이다.

3. 베드로전서 3:18 "성령에 의한 몸의 부활" vs. "영적인 부활"

<한글킹제임스성경>	<개역/개정판>
그리스도께서도 죄들로 인하여 한 번 고난을 받으사 의인으로서 불의한 자를 대신하셨으니, 이는 육신으로는 죽임을 당하셨으나 성령에 의하여 살림을 받으심으로 우리를 하나님께로 인도하려 하심이라.	그리스도께서도 한 번 죄를 위하여 죽으사 의인으로서 불의한 자를 대신하셨으니 이는 우리를 하나님 앞으로 인도하려 하심이라 육체로는 죽임을 당하시고 영으로는 살리심을 받으셨으니 ※ 새번역 - 영으로는 살리심을 받으셔서 쉬운성경 - 성령 안에서 다시 살아나셔서

예수 그리스도께서는 육신으로 죽임을 당하셨지만 "성령에 의하여" 살아나셨다. 주님의 부활은 생명의 "성령에 의하여" 이루어진 역사였다. 그런데 개역성경처럼 "영으로 살림을 받았다고 하는 것"은 "몸의 실제적인 부활"이 아니라 "영적으로만 살아났다는 뜻"이 된다. 말하자면 "실제적인 몸의 부활의 진리"를 가려 버린 것이다.

4. 마가복음 16:9-20 "부활 이후의 사역"

〈한글킹제임스성경〉은 마가복음의 마지막 "열두 구절"을 하나님의 말씀으로 기록하고 있다. 반면에 개역성경은 이 "열두 구절"을 [ ]로 묶었다. 그런 다음 "권위를 인정받는 대다수의 고대 사본들은 8절에서 마가복음서가 끝남."이라고 써 둠으로써 "원본에는 없는 말씀"이라고 주장한다. "쉬운성경" 역시 "어떤 사본에는 이 부분에 해당되는 구절이 기록되어 있지 않다."라고 주장한다. NIV와 NLT의 난외주 및 본문의 설명에는 "대부분의 신뢰할 수 있는 초기 필사본들과 다른 고대 증거들은 마가복음 16:9-20을 기록하고 있지 않다."라고 되어 있다.

이렇듯 변개된 성서들은 정상적인 그리스도인들이 전혀 신뢰할 수 없는 고대 사본들을 운운함으로 주님의 부활을 보여 주는 성경적 증거를 정면으로 부인한다.

5. 누가복음 24:51 "하늘로 올라가신 주님" vs. "사라지신 주님"

<한글킹제임스성경>	<개역/개정판>
주께서 그들에게 축복하실 때 그들에게서 떠나 하늘로 올라가시니라	축복하실 때에 저희를 떠나 하늘로 올리우시니/올려지시니 ※ 새번역 - 하늘로 올라가셨다, 난외주 - 다른 고대 사본들에는 괄호 안의 본문이 없음

부활하신 예수 그리스도께서는 제자들이 보는 가운데 하늘이 있는 "위로 올라가셨다"(up). 사도행전 1:9-11은 제자들이 보는 데서 "위로 들려올라" 가셨다고 말씀하며, 하늘로 들려올라 가신 바로 그 예수님께서 하늘로 가심을 본 그대로 오시는데, 재림하실 때는 "위에서부터 아래로" 내려오신다. 이처럼 성경에서 분명히 "위"와 "아래"의 구분을 두는 것은 하늘에 있는 "하나님의 보좌"를 기준으로 볼 때, 그곳이 실제로 우주에서 가장 높은 장소이기 때문이다. "하나님의 보좌"는 우주의 정북 방향으로 올라가면 다다를 수 있는 가장 높은 곳에 위치해 있으며, 주님께서는 그런 자신을 "영원에 거하시는 높고 우뚝 솟은 분"으로 성경에 계시하셨다(사 57:15). 그러나 "진리의 성경"보다 "과학"을 신뢰하는 사람들은 예수 그리스도의 신성을 부정하는 상태에서, 누가복음 24:51의 하늘로 "올라"가신다는 말씀을 수용할 수 없기에 위 본문을 수정하여 변개시킨 것이다. 하지만 예수 그리스도께서는 하나님의 말씀을 제멋대로 변개시키는 자들의 "성경 변개"에 아랑곳하지 않으시고, 이제 곧 "저 '위'에서 이곳 '아래'로" 재림하실 것이다(계 19:11-16).

예수 그리스도의 재림

1. 요한복음 18:36 "지금은" vs. "이제는"

<한글킹제임스성경>	<개역/개정판>
예수께서 대답하시기를 "나의 왕국은 이 세상에 속한 것이 아니니라. 만일 나의 왕국이 이 세상에 속한 것이라면 내 부하들이 싸워서 나를 유대인들에게 넘어가지 않게 하였을 것이라. 그러나 지금은 나의 왕국이 여기에 속한 것이 아니니라."고 하시더라.	예수께서 대답하시되 내 나라는 이 세상에 속한 것이 아니라 만일 내 나라가 이 세상에 속한 것이었더면 내 종들이 싸워 나로 유대인들에게 넘기우지 않게 하였으리라 이제 내 나라는 여기에 속한 것이 아니니라 ※ 새번역 - 삭제, 쉬운성경 - 이제

예수님께서는 재판을 받으셨을 때 『**나의 왕국은 이 세상에 속한 것이 아니니라.**』라고 하시며 이렇게 말씀하셨다. 『**그러나 지금은 나의 왕국이 여기에 속한 것이 아니니라.**』 이것은 "지금"이 아닌 "앞으로" 주님의 왕국이 여기 이 세상에 임하게 된다는 말씀이다. 그런데 "지금"이 "이제"로 바뀌면 앞으로 계속해서 여기에 속하지 않는다는 뜻이 된다. 이것은 "무(후)천년주의 거짓 교리"를 뒷받침하는 심각한 변개에 해당한다.

2. 요한계시록 11:17 "앞으로 오실" 주 예수 그리스도

<한글킹제임스성경>	<개역/개정판>
말씀드리기를 "지금도 계시고, 전에도 계셨고, 앞으로 오실, 오 전능하신 주 하나님, 우리가 주께 감사드리는 것은 주께서 주의 크신 권세를 가지고 통치하	가로되 감사하옵나니 옛적에도 계셨고 시방도 계신 주 하나님 곧 전능하신이여 친히 큰 권능을 잡으시고 왕노릇하시도다

셨기 때문이니이다.	※ 새번역, 쉬운성경 - 삭제

위 구절에서 "앞으로 오실"이라는 표현은 주님께서 미래에 실제적으로 재림하실 것을 의미한다. 그런데 개역성경을 비롯한 변개된 성서들은 "앞으로 오실"이라는 말씀을 삭제함으로 재림에 관한 말씀을 제거했다. 그리스도인의 복된 소망을 제거하는 것은 바르게 보존된 성경일 수 없다.

3. 디도서 2:13 "영광스러운 나타나심" vs. "영광"

<한글킹제임스성경>	<개역/개정판>
그 복된 소망, 곧 위대한 하나님이신 우리 구주 예수 그리스도의 영광스러운 나타나심을 기다리게 하셨음이니,	복스러운 소망과 우리의 크신 하나님 구주 예수 그리스도의 영광이 나타나심을 기다리게 하셨으니 ※ 새번역 - 영광이 나타나기를 쉬운성경 - 영광 가운데 나타나실 것입니다.

위 본문은 우리 그리스도인들이 갖고 있는 "복된 소망"이 위대한 하나님이신 우리 구주 예수 그리스도의 "영광스러운 나타나심," 곧 "주님의 재림"이라고 말씀한다. 그런데 개역성경을 비롯한 변개된 번역본들은 예수 그리스도의 다시 오심을 기다리는 것이 아니라, 단순히 그분의 "영광"을 기다리는 것으로 바꾸었고, 성경에서 문자적이고 실제적인 재림을 제거하여 어떤 영적인 것을 기다리는 것으로 만들어 버렸다. 여기에는 성도들로 하여금 예수 그리스도 없이 지상 왕국을 건설하고자 하는 무(후)천년주의 거짓 교리를 따르게 하려는 의도가 담겨 있다. 예수 그리스도의 지상 재림으로 수립될 천년왕국을 거부하게 만드는 일의 배후에는 주님의 보좌와 그분의 통치를 탐내는 마귀가 도사리고 있음을 기억해야 한다(사 14:12-14).

4. 누가복음 17:36 "재림 때에 일어날 일"

<한글킹제임스성경>	<개역/개정판>
또 두 사람이 들에 있는데, 한 사람은 데려가게 되고 한 사람은 남게 되리라."고 하시니라.	(없음) ※ 새번역, 쉬운성경 - 없음

이 말씀은 우리 주 예수 그리스도의 재림 때 일어날 일에 대해 설명하고 있다. 즉 두 사람이 들에 있다가 한 사람은 들려 올라가게 되고, 한 사람은 남게 된다는 사실을 묘사한 것이다. 이것은 그 복된 날을 소망하는 것은 물론, 주변에 있는 사람들을 주님께로 인도해야 한다는 강력한 메시지를 담고 있는 말씀이 아닐 수 없다. 그런데 개역성경을 비롯한 변개된 번역본들은 이 구절 전체를 삭제했다.

■ 새롭게 깨달았거나 적용할 내용이 있다면 적어 보세요. ■

지옥을 증거하는 구절들

1. 지옥을 부정하는 비성경적인 주장들

[다음에 제시된 주장들은 "게일 립링거"(Gail Riplinger)의 〈뉴에이지 성경 역본들〉에서 발췌한 것이다.]

• 여호와의 증인 - "죽음 이후에... 불타는 지옥이 있다는 교리는 진실일 수가 없다. 죽은 사람은 의식이 없으며 아무런 활동도 하지 않기 때문이다. 그 혼은 죽어 있는 상태다."

• 여호와의 증인들의 "신세계역본" 부록 - "[지옥은] 온 인류가 공통적으로 묻히는 장소인 무덤을 뜻한다... 이 단어[지옥]는 고통이라는 개념을 전혀 포함하고 있지 않다."

• 성경 변개자 오리겐 - 지옥은 "비유적인" 곳이다. 마귀와 타락한 천사들은 지옥에서 빠져나가 하늘로 돌아갈 것이다.

• ASV, NASB, Living Bible의 편집자 필립 샤프 - 그는 "지옥이 물리적 장소라는 이론"에 반대했으며 독자들에게 "오리겐이 얼마나 위대한 인물"인지를 역설했다.

• 변개된 헬라어 신약 성경(1881)의 편집자 웨스트코트 - 지옥은 "죄에 대한 형벌의 장소가 아니며," 하데스는 "이생을 떠난 영들의 공통 거처"이다. "장소가 아니라 상태를 의미한다."

• 변개된 헬라어 신약 성경(1881)의 편집자 홀트 - 지옥은 "비유적"인 곳일 뿐이다.

• 필립스 번역본의 번역자 J.B. 필립 - 지옥은 존재하는가? 필립은 말한다. "나는 그것을 심각하게 의심한다."

• NIV 편집자 래어드 해리스 - "이에 대한 수많은 신학적 이견들로 인해, 많은 현대 번역본들은 그 단어를 번역하지 않았다... [지옥은] 당연히 영원한 죽음을 의미하는 것이다." "이와 같은 견해[지옥이 존재한다는]에는 몇 가지 문제가 따른다. 그것은... 죽음을 의미할 뿐이며... 형벌을 뜻하는 것이 결코 아니다." "NIV 번역진들은... 이 단어[지옥]의 의미를 결정짓는 과정에서... '무덤'의 의미가 맞다고 결론지었다... 무덤으로 번역한 것이 가장 적합한 번역이다. 이 두 단어[지옥과 무덤]는 동의어다... 무덤 속에 존재하는 것은 어두움과 육체의 분해, 흙 속에 누워 있는 것, 부패, 소멸 등일 뿐이다." "...그들은 그 의미를 독자들 스스로의 결정에 맡기고 있다."

2. 지옥에 대한 성경 말씀들

• 지옥은 죄인이 죽은 후에 가는 곳으로(시 9:17, 마 23:15,33, 잠 9:18, 계 20:13, 눅 12:5), 불타는 가운데 고통받는 형벌의 장소이다.

• 성경은 지옥에 대해, "지옥의 고통"(시 116:3), "지옥에서 고통받는 중에"(눅 16:23), "불꽃 가운데서 고통을 받고"(눅 16:24), "꺼지지 않는 불속인 지옥"(막 9:43-49), "지옥의 불에서 태우느니라."(약 3:6)라고 그 참혹함을 경고한다.

• 지옥에 가는 인간의 혼은 영원히 죽지 않고 불에 타면서 고통받는다(욘 2:2, 눅 16:23,24,27-30).

• 예수 그리스도께서 삼 일 낮과 삼 일 밤을 지옥에 내려가 계셨으며, 우리를 의롭다고 확증하시기 위해 부활하셨다(시 16:10, 행 2:27,31).

• 지옥은 위치적으로 "가장 낮은" 곳으로(신 32:22), 땅 속, 즉 땅의 심장에 있다(마 12:40). 성경은 지옥을 설명할 때, "가장 낮은 지옥"(시 86:13), "아래 있는"(잠 15:24, 사 14:9), "땅의 아랫부분"(겔 31:16-18; 32:18-30), "지옥의 깊은 곳들"(잠 9:18), "지옥으로 내려간다"(시 55:15, 사 57:9, 겔 31:17; 32:21), "지옥

으로 끌어 내려진다"(사 14:15, 눅 10:15), "지옥으로 파고 들어간다"(암 9:2), "지옥까지 낮아진다"(마 11:23) 등의 표현을 사용한다.

• 에베소서 4:8-10도 『**그러므로 말씀하시기를 "그가 위로 올라가실 때에 사로잡힌 자를 사로잡아갔고 사람들에게는 은사들을 주셨다."고 하셨느니라. (따라서 그가 올라가셨다는 것은 그가 땅의 더 낮은 부분들로 먼저 내려가셨다는 것이 아니고 무엇이냐? 내려가셨던 그가 모든 하늘들 위로 올라가신 바로 그분이니 그가 모든 것을 충만케 하시려 함이니라.)**』라고 말씀하심으로 지옥이 땅 속에 실제로 존재하는 장소임을 말씀하고 있다.

3. 개역성경과 NIV의 삭제와 대체

• 성경은 "지옥"이라는 단어를 총 54회 기록하고 있는데, 개역성경은 이 중 41회를 삭제했고, 그 대신 "음부"나 "스올"로 변개시켰다. 다음 41개의 구절을 직접 확인해 보기 바란다(신 32:22, 욥 26:6, 잠 15:11; 23:14; 27:20, 시 139:8, 마 11:23, 눅 10:15, 마 16:18, 계 1:18; 6:8; 20:13,14, 삼하 22:6, 욥 11:8, 시 9:17; 16:10; 18:5; 55:15; 86:13; 116:3, 잠 5:5; 7:27; 9:18; 15:24, 사 5:14; 14:9,15; 28:15,18; 57:9, 겔 31:16,17; 32:21,27, 암 9:2, 욘 2:2, 합 2:5, 행 2:27,31, 눅 16:23).

• NIV는 "지옥"(hell)이라는 단어를 40회 삭제했다.

- 5회는 "죽음"(death)으로 변개함(신 32:22, 욥 26:6, 잠 15:11; 23:14; 27:20).
- 3회는 "깊음"(depths)으로 변개함(시 139:8, 마 11:23, 눅 10:15).
- 5회는 번역을 거부하고 음역함(마 16:18, 계 1:18; 6:8; 20:13,14).

• 여호와의 증인들의 "신세계역본"이 히브리어 "스올"을 번역하지 않고 그대로 놔둔 것처럼, NASB도 헬라어 "하데스"를 번역하지 않고 그대로 두었는데,

이와 같이 "하데스"를 번역하지 않고 독자들이 직접 그 단어의 의미를 선택하도록 한 것은 독자들이 지옥을 부정하게 만들기 위한 의도이고, 또한 이것은 "뉴에이지 사상"에 동조한 것이다.

- 27회는 "무덤"(grave)으로 변개함(삼하 22:6, 욥 11:8, 시 9:17; 16:10; 18:5; 55:15; 86:13; 116:3, 잠 5:5; 7:27; 9:18; 15:24, 사 5:14; 14:9,15; 28:15,18; 57:9, 겔 31:16,17; 32:21,27, 암 9:2, 욘 2:2, 합 2:5, 행 2:27,31).

1) 마태복음 16:18 "지옥" vs. "음부"

<한글킹제임스성경>	<개역/개정판>
나도 너에게 말하노니, 너는 베드로라. 그리고 이 반석 위에 내가 나의 교회를 세우리니, 지옥의 문들이 그것을 이기지 못하리라.	또 내가 네게 이르노니 너는 베드로라 내가 이 반석 위에 내 교회를 세우리니 음부의 권세가 이기지 못하리라 ※ 새번역 - 죽음

2) 요나 2:2 "지옥" vs. "스올"

<한글킹제임스성경>	<개역/개정판>
말하기를 "내가 나의 고통으로 인하여 주께 부르짖었더니 주께서 나를 들으셨나이다. 내가 지옥의 뱃속으로부터 부르짖었더니 주께서 내 음성을 들으셨나이다.	가로되 내가 받는 고난을 인하여 여호와께 불러 아뢰었삽더니 주께서 내게 대답하셨고 내가 스올의 뱃속에서 부르짖었삽더니 주께서 나의 음성을 들으셨나이다. ※ 새번역 - 스올, 쉬운성경 - 내가 죽게 되었을 때에

3) 마가복음 9:44,46 "불이 꺼지지 않는 지옥"

<한글킹제임스성경>	<개역/개정판>
44 그곳에는 그들의 벌레도 죽지 않고, 불도 꺼지지 아니하느니라... 46 그곳에는 그들의 벌레도 죽지 않고,	(없음) ※ 새번역, 쉬운성경 - 없음

불도 꺼지지 아니하느니라.	

예수 그리스도께서는 친히 지옥에 대해 반복적으로 말씀하셔서 경고하셨는데, 개역성경을 비롯한 변개된 성서들은 지옥의 실재와 엄중한 심판에 관한 진리를 제거했다.

사탄의 정체를 밝히는 구절들

1. 이사야 14:12 "루시퍼" vs. "계명성"(새벽별)

<한글킹제임스성경>	<개역/개정판>
오 아침의 아들 루시퍼야, 네가 어찌 하늘에서 떨어졌느냐! 민족들을 연약하게 하였던 네가 어찌 땅으로 끊어져 내렸느냐!	너 아침의 아들 계명성이여 어찌 그리 하늘에서 떨어졌으며 너 열국을 엎은 자여 어찌 그리 땅에 찍혔는고 ※ 새번역, 쉬운성경 - 새벽별

이사야 14:12-15은 "사탄의 타락"에 관해 말씀하고 있다. 특히 13,14절은 사탄이 하나님께 반역하여 대적한 일에 대해 정확하게 기록하고 있다(겔 28:11-19 참고). 성경은 사탄을 일컬어 "루시퍼"라고 부른다. "루시퍼"는 히브리어로 "헬렐"인데, 그 이름의 뜻은 "빛을 비추는 자" 혹은 "빛을 전달하는 자"이다("루시퍼"는 "헬렐"에 해당하는 "라틴어"를 음역한 표현이다). 그 이름의 뜻에서 보듯이 12절의 "루시퍼"는 "빛의 천사로 가장하는 사탄"(고후 11:14)의 정체를 정확하게 밝혀 주고 있다. 빛을 비추는 자였던 "루시퍼"가 빛의 천사로 가장하는 "사탄"이 된 것이다. 히브리어 "헬렐"에는 "계명성"(啓明星), 즉 "새벽별"(morning

star)이라는 뜻이 전혀 없다. 히브리어 구약 성경에서 "별"이라는 단어는 "코캅"으로 36회 언급되는데 이사야 14:12에서는 사용되지 않는다. 그 어떤 히브리어 필사본도 그 구절에서 "코캅"이라고 기록하지 않는다. 개역성경이나 NIV 등 변개된 성서들의 번역은 원문적인 근거가 전혀 없는 것이다. 그 성서들은 사탄의 정체를 밝히는 중대한 "성경 말씀"(『**루시퍼**』)을 제거한 것이다. 특히 우리가 주목해야 할 점은, "계명성"(새벽별)이 우리 "주 예수 그리스도"를 지칭하는 이름이라는 점이다(계 22:16 - 『**나 예수는 교회들에 관한 이런 일을 너희에게 증거하기 위하여 나의 천사를 보내었노라. 나는 다윗의 뿌리요 자손이며, 또 빛나는 새벽별이라." 하시니라.**』). 개역성경 같은 변개된 성서들은 이사야 14:12에서 사탄의 정체를 밝히는 『**루시퍼**』를 제거하고 예수 그리스도의 이름("계명성")을 첨가함으로써, 예수 그리스도께서 아버지 하나님을 대적하여 심판받고 지옥에 떨어지는 존재로 만드는 "심각한 오류"를 범했다. 이것은 성경 전체를 왜곡하고 주 예수 그리스도를 모독한 매우 심각한 변개다.

2. 욥기 41:1 "리비야단 - 뱀 - 용 - 마귀 - 사탄"

<한글킹제임스성경>	<개역/개정판>
네가 갈고리로 <u>리비야단</u>을 끌어낼 수 있겠느냐? 또한 끈으로 그의 혀를 맬 수 있겠느냐?	네가 능히 낚시로 <u>악어</u>를 낚을 수 있겠느냐 노끈으로 그 혀를 맬 수 있겠느냐 ※ 새번역의 난외주 - 악어 쉬운성경 - 악어

욥기 41장은 "사탄의 정체"를 밝혀 주고 있으며, "리비야단"은 사탄을 지칭하는 이름이다. "리비야단"의 거처는 둘째 하늘과 셋째 하늘 사이에 있는 "깊음"이고(욥 41:31,32 - 『**<u>그는 깊음을 솥같이 끓이며</u> 그는 바다를 향기름 솥같이 만드는도다. 그는 자기 뒤에 빛을 내는 길을 만드나니 <u>보는 사람이 깊음을 회</u>**

백색이라고 생각하는도다.』), 둘 이상의 머리를 가지고 있다(시 74:14 - 『주께서는 리비야단의 머리들을 산산조각내셔서』, cf. 계 12:3). 성경은 "리비야단"을 "용"과 "뱀"으로 불리는 "사탄"이라고 말씀하신다(사 27:1 - 『그 날에 주께서 그의 격심하고 크고 강한 칼로 날쌘 뱀 리비야단을 벌하시리니, 즉 꼬부라진 뱀 리비야단이라. 또 주께서는 바다에 있는 그 용을 살해하시리라.』). 그런데 개역성경을 비롯한 변개된 성서들은 "사탄"을 한낱 "악어"로 전락시켜 인간이 능히 대적하여 이길 수 있는 존재처럼 만들었다. 사탄은 "다니엘"보다 더 현명하여 인간이 그에게서 숨길 수 있는 비밀이 없는(겔 28:3) 존재로서, 지난 6천 년 동안 인류를 다뤄 오면서 파멸시킨 장본인이다. "리비야단"을 "악어"로 변개시킨 자들은 바로 그 "사탄"에게 속고 있다는 사실을 깨달아야 한다.

3. 스카랴 11:17 "우상 목자" 적그리스도

<한글킹제임스성경>	<개역/개정판>
양떼를 버려 둔 우상 목자에게 화 있으리라! 칼이 그의 팔과 그의 오른눈에 임하리니, 그의 팔은 바싹 마르고 그의 오른눈은 완전히 어둡게 되리라.	화 있을진저 양 떼를 버린 못된 목자여 칼이 그 팔에, 우편 눈에 임하리니 그 팔이 아주 마르고 그 우편 눈이 아주 어두우리라 ※ 새번역 - 쓸모없는 목자, 쉬운성경 - 못된 목자

스카랴 11:17의 의미는 요한계시록 13:11-15에서 설명해 주고 있다. 적그리스도는 형상을 사용하는 "우상 숭배자"로, 그가 예수 그리스도를 흉내 낼 때는 형상 숭배를 이용한다(계 13:14). 스카랴 11:17에서는 그런 적그리스도를 가리켜 "우상 목자"라 부르는데, 대환란 때 치명적인 상처에서 기적적으로 살아난 그는 자기를 기리는 "짐승의 형상"을 만들어 그 형상에 경배하게 할 것이고, 경배하지 않는 자는 모두 죽이도록 명령할 것이다. 이처럼 적그리스도는 사탄의

화신이며, 사탄의 능력을 받아 미혹의 역사를 이루는 육화된 마귀다. 사탄의 역사를 밝히는 이 중요한 구절에서 개역성경 같은 변개된 성서들은 『**우상 목자**』를 "못된 목자" 또는 "쓸모없는 목자"로 변개하여 사탄의 정체를 가려 버렸다.

4. "귀신"은 없고 "마귀"는 있다

구약 성경에는 "마귀들"(devils)이라는 복수 형태의 표현이 총 4회 나온다(레 17:7, 신 32:17, 대하 11:15, 시 106:37). 그런데 개역성경은 오직 "한 구절"(신 32:17)에서만 "복수"를 "단수"로 오역했고, 나머지 "세 곳"에서는 "마귀들"이라는 말씀을 삭제하고 그 대신 "수염소"(레 17:7), "수염소 우상"(대하 11:15), "사신"(邪神, 시 106:37)으로 변개했다. 신구약 성경 전체에서 "마귀"(devil)라는 단어가 총 82회 기록되어 있는데, 사탄을 지칭하는 단수 표현인 "마귀"는 35회 나오고, 나머지는 "마귀들"의 역사를 나타내고 있다. 그런데 변개된 개역성경은 "마귀"라는 말을 제거하고, "귀신"이 실제로 존재하는 것처럼 "귀신"이라고 기록하고 있다. 하지만 "귀신"의 사전적인 정의는 "사람이 죽은 뒤에 남는 넋"이다. 이것은 샤머니즘에 따른 개념일 뿐 실제로 존재하지는 않는다. 성경적으로 보면, 죽은 사람의 "혼"은 하늘나라 아니면 지옥에 가는 것이지, 그 외에 어떤 다른 곳을 떠돌거나 다른 사람 안으로 들어가 그를 괴롭히거나 도움을 주는 사후 존재가 되는 것이 아니다. 그런데도 개역성경을 비롯한 변개된 성서들은 "마귀"를 "귀신"으로 왜곡하여 "마귀와 마귀들의 실체"를 알 수 없게 만들었다.

■ 새롭게 깨달았거나 적용할 내용이 있다면 적어 보세요. ■

영·혼·몸의 진리를 밝히는 구절들

1. 창세기 2:7 "살아 있는 혼" vs. "생령"

<한글킹제임스성경>	<개역/개정판>
주 하나님께서 땅의 흙으로 사람을 지으시고 그의 콧구멍에다 생명의 호흡을 불어넣으시니, 사람이 살아 있는 혼이 되었더라.	여호와 하나님이 흙으로 사람을 지으시고 생기를 그 코에 불어넣으시니 사람이 생령이 된지라 ※ 새번역, 쉬운성경 - 생명체

인간의 창조를 말씀하는 창세기 2:7에서 하나님께서는 인간을 "살아 있는 혼"으로 부르신다. 인간은 "영·혼·몸," 세 부분으로 구성된 존재다(Trichotomy, 살전 5:23, 히 4:12). "땅의 흙"은 인간의 "몸"이며(창 3:19, 전 3:20; 12:7), "생명의 호흡"은 인간의 "영"이고(겔 37:1-14, 요 3:6-8), "살아 있는 혼"은 말 그대로 인간의 "혼"이다(창 2:7). 성경은 인간의 "영·혼·몸"을 철저하게 구분하여 기록하고 있다. 하지만 개역성경은 원문적인 근거가 전혀 없이 『**살아 있는 혼**』을 "생령"으로 변개했다. "사람이 하나님의 형상대로 창조되었다는 것"(창 1:26,27)은, "하나님께서 '영·혼·몸'의 구분이 있으신 것처럼, 사람이 '영·혼·몸,' 세 부분으로 창조되었다는 사실"을 의미한다. 인간이 "삼위일체 하나님"처럼 "삼중적인 존재"로 지음받았다는 사실을 개역성경은 가리고 있는 것이다.

한국어	영어	히브리어	헬라어
영	spirit	루아흐(רוּחַ)	프뉴마(πνεῦμα)
혼	soul	네페쉬(נֶפֶשׁ)	프쉬케(φυχή)
몸	body	바사르(בָּשָׂר)	소마(σῶμα)

2. 고린도전서 15:45 "살아 있는 혼" vs. "살려 주는 영"

<한글킹제임스성경>	<개역/개정판>
따라서 이와 같이 기록되었으니 "첫 사람 아담은 살아 있는 혼이 되었느니라." 함과 같이 마지막 아담은 살려 주는 영이 되었느니라.	기록된 바 첫 사람 아담은 산 영이 되었다 함과 같이 마지막 아담은 살려 주는 영이 되었나니 ※ 새번역 - 산 영, 쉬운성경 - 살아있는 존재

마지막 아담이신 주 예수 그리스도께서 대속적 죽음을 당하시고 부활하셔서 성령을 통해 영원한 생명을 주시는 살려 주는 영이 되신 이유는, 사람이, 곧 사람의 영이 허물과 죄들 가운데서 죽어 있기 때문이다(엡 2:1-3). 인간의 영은 죽어 있기 때문에 살려 주는 영이신 예수님에 의해 다시 살아나야 한다. 〈개역성경〉은 그것의 창세기의 변개된 구절(생령, 창 2:7)과 동일하게 아담을 "산 영"이라고 변개했다. 헬라어 성경은 고린도전서 15:45에 "혼"(프쉬케)이라고 되어 있음에도 〈개역성경〉은 어떤 원문이나 성경적 근거 없이 인간의 편견에 따라 "혼"을 "영"으로 왜곡한 것이다.

3. 전도서 3:21 "짐승의 영" vs. "짐승의 혼"

<한글킹제임스성경>	<개역/개정판>
사람의 영은 위로 올라가고 짐승의 영은 땅 아래로 내려가는 것을 누가 알리요?	인생의 [1]혼은 위로 올라가고 짐승의 [1]혼은 아래 곧 땅으로 내려가는 줄을 누가 알랴 ※ 개역성경 난외주 - 1) 히, 영

"영"은 사람에게만 있는 것이 아니다. 성경은 짐승에게도 "영"이 있음을 말씀하고 있다. 그러나 "짐승의 영"은 "사람의 영"과 다르다. "사람의 영"(고전 2:11)

은 그 사람이 죽으면 그것을 주신 하나님께서 거두어 가신다(전 12:7). 그러나 "짐승의 영"은 하나님께로 가는 것이 아니라 땅으로 내려간다(전 3:21). 아담이 타락한 이후 사람의 영은 "죽은 영"이 되었다(창 2:17, 엡 2:1, 창 5:1-3). 그래서 예수님께서는 "사람의 영"이 반드시 "다시 태어나야" 한다고 말씀하셨다(요 3:3,5). 반면에 성경은 "짐승의 영"이 다시 태어나야 함을 말씀하시지 않는다. 이는 "짐승의 영"이 그 존재와 가치에 있어서 "사람의 영"과 다르기 때문이다. [참고로, "영이 죽었다는 것"은 "하나님에 대하여 죽은 것"이며, 악령이나 마귀에 대해, 또한 죄에 대해서는 여전히 활동한다. "영이 죽었다는 것"은 "영의 소멸"(annihilation)을 뜻하지 않는다.] "사람의 영"은 "영"이신 하나님과 나누는 영적인 "교제"(communion), "직관"(intuition), "양심"(conscience) 등의 역할을 하지만, "짐승의 영"은 그와 같은 역할을 하지 못한다. 반면에 거듭나지 않은 사람은 살아 있는 육체 안에 "죽은 영"을 지닌 "죽은 자"로 여겨지는데(엡 2:1-3, 마 8:22, 눅 9:60), 이러한 경우 거듭나지 않는 사람은 "짐승" 같은 수준에서 비교가 된다(전 3:18-22). 그런데 개역성경 같은 변개된 성서들은 히브리어 원문의 "영"이라는 단어를 어떤 원문이나 성경적 근거도 없이 "혼"으로 변개시켰다.

4. 창세기 1:2 "하나님의 영" vs. "하나님의 신"

<한글킹제임스성경>	<개역/개정판>
땅은 형체가 없고 공허하며 어두움이 깊음의 표면에 있으며 <u>하나님의 영</u>은 물들의 표면에서 거니시더라.	땅이 혼돈하고 공허하며 흑암이 깊음 위에 있고 <u>하나님의 신</u>은 수면에 운행하시니라 ※ 개역개정판, 새번역의 난외주 - '하나님의 바람'

"하나님의 영"은 "성령"이시다. 이 구절은 성령 하나님께서 아버지 하나님과

아들 하나님과 함께 우주를 창조하셨음을 보여 준다. 또한 성령께서는 우리 주 예수 그리스도께서 승천하신 이후 "위로자"로 오셔서 믿는 성도들 안에 내주하시며(요 14:16), "진리의 영"으로서 "그리스도의 영"으로도 불리신다(롬 8:9). 그런데 개역성경은 창세기 1:2에서 "하나님의 영"(Spirit of God)을 "하나님의 신(神)"으로 오역했다. "하나님의 신"이란 표현은 성경 어디에도 나오지 않는다. 하나님께서 "아버지"(혼)와 "아들"(몸)과 "성령"(영)의 "삼위일체"이신 것처럼, 바로 그 하나님의 형상을 따라 지음받은 인간 역시 "영·혼·몸"의 삼중적인 존재이다. 따라서 성경 어디에도 "사람의 영"을 가리켜 "사람의 신"이라고 하지 않는다. 한편 "표준새번역"은 〈한글킹제임스성경〉을 따라 "하나님의 영"으로 수정되었으나, 난외주에서는 여전히 "하나님의 바람"으로 제시하여 성경 독자들을 혼란스럽게 한다. 혼란을 조장하는 존재는 바로 "마귀"라는 사실을 알아야 한다.

5. 베드로전서 1:9 "혼의 구원"

<한글킹제임스성경>	<개역/개정판>
이는 너희 믿음의 결과, 곧 너희 <u>혼들</u>의 구원을 받음이니라.	믿음의 결국 곧 <u>영혼</u>의 구원을 받음이라 ※ 새번역, 쉬운성경 - 영혼

죄인이 예수 그리스도를 구주로 믿고 영접하면, "생명의 성령"께서 그 사람 안에 들어가 그의 죽은 영을 살리시는데, 이때 "영"이 거듭나고 "혼"이 구원받게 된다. "영혼"이 거듭나거나 구원받는다고 하는 것은 성경적으로 틀린 말이다.

6. 요한삼서 1:2 "혼의 잘됨"

<한글킹제임스성경>	<개역/개정판>
사랑하는 자여, 무엇보다도 네 <u>혼</u>이 잘	사랑하는 자여 네 <u>영혼</u>이 잘 됨같이 네

됨같이 네가 번성하고 강건하기를 바라노라.	가 범사에 잘 되고 강건하기를 내가 간구하노라 ※ 새번역, 쉬운성경 - 영혼

인간의 "지·정·의"를 관장하는 "혼"은 하나님께 경청하고 순종할 때 모든 일에 있어서 "번성"과 "강건함"이 보장된다. 이처럼 "영·혼·몸"을 올바르게 구분하지 못하면, 영적 생활에 있어서도 올바른 적용이 불가능해진다.

다양한 증거 구절들

1. 창세기 10:21 "야펫은 형, 셈은 동생"

<한글킹제임스성경>	<개역/개정판>
셈은 모든 에벨 자손의 조상이요, 형 야펫의 동생이라. 그에게서도 자녀가 출생하였으니	셈은 에벨 온 자손의 조상이요 야벳의 형이라 그에게도 자녀가 출생하였으니 ※ 새번역, 쉬운성경 - 야벳의 형

성경에서 노아의 세 아들이 함께 등장할 때는 종종 "셈, 함, 야펫"의 순서로 언급된다(창 5:32; 6:10; 10:1). 그러나 이러한 순서를 "나이순"으로 생각하면 큰 오산이다. "셈의 후대"는 "아브라함"으로 이어지고(창 11:10-32), 또 그 계보가 "다윗 왕"과 "예수 그리스도"까지 이어지는데(마 1:1-17), 이처럼 "셈"이 "예수 그리스도의 계보"와 관련이 있기에 "육신의 출생 순서"와 상관없이 "야펫"이나 "함"보다 제일 먼저 언급된다. 이것은 "아브라함, 나홀, 하란"의 경우에, "아브라함"이 순서상 셋째 아들임에도 불구하고 제일 먼저 언급되는 것과 같은 이치다. 한편 "야펫"이 "형"이라는 사실은 히브리어 성경에 분명히 기록되어 있다.

히브리어로 "형"(elder)은 "가돌"(gadol)인데, 이 구절에서 바로 그 단어가 쓰였다. 그리고 "함"은 "작은 아들"(younger son, 창 9:24)이다. 따라서 올바른 출생 순서는 "야벳, 셈, 함"의 순이다. 이렇듯 성경은 "인간적인 기준"이 아니라, "하나님의 기준"으로 기록되어 있다. 하지만 개역성경을 비롯한 변개된 성서들은 "인간적인 편견"으로 성경 말씀을 왜곡시켰다.

2. 마태복음 1:6 "우리야의 아내'였던' 여인"

<한글킹제임스성경>	<개역/개정판>
이새는 다윗왕을 낳으니라. 다윗왕은 <u>우리야의 아내였던 여인</u>에게서 솔로몬을 낳고,	이새는 다윗 왕을 낳으니라 다윗은 <u>우리야의 아내에게서</u> 솔로몬을 낳고 ※ 쉬운성경 - 우리야의 아내

『<u>우리야의 아내였던 여인</u>에게서』라는 표현은 "밧세바"가 "솔로몬"을 낳을 당시에는 "우리야의 아내"가 아닌 "다윗의 아내"였다는 사실을 확증해 준다. 하나님께서는 "밧세바가 우리야의 아내였을 때 다윗과 간음해서 낳은 아들"을 죽게 하셨고, 밧세바가 다윗의 정식 아내가 된 이후 "솔로몬"을 낳게 하셨다(삼하 12:22,23). 하나님께서는 메시아의 계보에 "우리야의 씨"가 섞여 있지 않다는 사실을 보여 주시기 위해, 사무엘하 12장에서 다윗과 밧세바 두 사람의 간음으로 태어난 아들이 죽었다는 내용을 상세하게 다루셨다. 그리고 마태복음에서 "왕의 계보"를 기록하실 때도 그 점을 다시 한번 강조하심으로 "메시아의 혈통"에 관한 의문을 완전히 불식시키셨다. 즉 "솔로몬이 간음을 통해 태어난 자식인지, 아닌지"가 중요한 것이 아니라, 그 "씨의 순수성"이 중요한 것이다. 그러나 개역성경을 비롯한 변개된 성서들에 따르면, 솔로몬은 다윗이 "우리야의 아내에게서 간음을 통해 낳은 아들"이 되며, 따라서 그 "씨의 순수성"이 훼손된 것처럼 비쳐지게 만든다. 이렇듯 위 구절은 성경에서 "시제"가 얼마나 중요한가를

단적으로 보여 주는 아주 좋은 사례이다.

3. 사도행전 17:22 "미신적"인가? vs. "종교적"인가?

<한글킹제임스성경>	<개역/개정판>
그러므로 바울이 마르스 언덕 한가운데 서서 말하기를 "아테네 사람들이여, 내가 보니 너희는 매사에 너무나 미신적이니라.	바울이 아레오바고 가운데 서서 말하되 아덴 사람들아 너희를 보니 범사에 종교성이 많도다 ※ 새번역, 쉬운성경 - 종교심

하나님을 믿지 않는 모든 그리스 철학자들과 학자들은 실제로 "미신적인 사람들"이었다. 그들 중 소위 위대한 자들로 알려진 소크라테스, 아리스토텔레스, 플라톤 등이 믿은 것은 오로지 "미신적인" 이교도들만이 믿을 수 있는 것들이었다. 특히 그들은 "사람이 동물에서 진화했다"고 가르치는데," 이것 또한 매우 "미신적인" 가르침이다. 심지어 그리스 "아테네" 사람들은 『**알지 못하는 신에게**』(23절)라고 새겨 놓은 제단에서 "알지 못하는 신"을 섬기기도 했는데, 성경은 이것을 "미신적"이라고 기록하고 있을 뿐, 결코 "종교적"이라고 말씀하지 않는다. 사실 "종교"(Religion)는 우주 만물을 창조하신 "창조주 하나님을 숭앙하는 그리스도인의 신앙," 곧 "성경대로 믿는 기독교 신앙"(Christianity)을 가리킨다.

4. 마태복음 5:22 "까닭없이"

<한글킹제임스성경>	<개역/개정판>
내가 너희에게 말하노니, 까닭없이 자기 형제에게 노하는 자는 누구나 심판의 위험에 처하게 될 것이며, 자기 형	나는 너희에게 이르노니 형제에게 노하는 자마다 심판을 받게 되고 형제를 대하여 라가라 하는 자는 공회에 잡히

제에게 라카라 하는 자는 누구나 공회의 위험에 처하게 될 것이요, 또 어리석은 자라 하는 자는 누구나 지옥불의 위험에 처하게 될 것이라.	게 되고 미련한 놈이라 하는 자는 지옥불에 들어가게 되리라 ※ 새번역, 쉬운성경 - 삭제

위 구절은 "교리적으로" 현재의 "교회 시대"에 적용되지 않는다. 이 땅에 "천년왕국"이 펼쳐질 때 적용되는 교리인데, 곧 "메시아 왕국"에서는 사람들이 "까닭없이" 노하면 심판의 위험에 처하게 되고, 자기 형제에게 어리석은 자라고 말하면 지옥불의 위험에 처하게 된다. 천년왕국에 있는 자들은 노하거나 욕하기만 해도 심판에 처해지는 것이다. 반면에 고린도전서 15:36에서 "어리석은 자"라고 말한 바울은 천년왕국이 아닌 교회 시대에 살았기 때문에 지옥불에 떨어지지 않았다. 따라서 이 구절을 교리적으로 교회에 적용시킬 수 없다. 그러나 개역성경을 비롯한 변개된 성서들처럼 "까닭없이"를 삭제하면 천년왕국에서조차 올바른 적용을 할 수 없다. 합당한 "까닭"이 있을 때는 천년왕국에서도 자기 형제에게 노할 수 있는 것이다.

5. 고린도전서 4:2 "청지기의 신실함"

<한글킹제임스성경>	<개역/개정판>
청지기에게 요청되는 것은 무엇보다도 신실한 사람으로 발견되는 것이라.	그리고 맡은 자들에게 구할 것은 충성이니라

"하나님의 청지기"는 하나님께서 자신에게 맡기신 일에 "신실해야" 한다. "청지기"는 주인이 맡긴 것을 "주인의 관리 지침에 따라 관리하는 종"을 가리킨다. 그러나 개역성경은 "맡은 자들"이 "충성"(진심어린 정성)해야 한다는 식으로 변개하여, 그리스도인이 청지기로서 "신실하게," 곧 "성경 지침에 따라" 섬겨야 한다는 사실을 가려 버렸다.

6. 디모데전서 6:20 "과학의 반론을 받아들여야 하는가?"

<한글킹제임스성경>	<개역/개정판>
오 디모데야, 네게 맡겨진 것을 지키고, 비속하고 허황된 말장난과 거짓되이 일컬어지는 과학의 반론을 피하라.	디모데야 네게 부탁한 것을 지키고 거짓되이 일컫는 지식의 망령되고 허한 말과 변론을 피하라 ※ 새번역, 쉬운성경 - 지식

위 구절은 하나님과 진리를 거스르는 두 가지 대적, 곧 "과학"과 "철학" 중에 "과학"에 대해 경고하고 있다. 그러나 개역성경은 과학을 "지식"이란 말로 바꿔 버림으로 "과학"이 성경에 반론을 제기한다는 사실을 가렸다. 또한 많은 성경 변개자들이 "과학의 반론"에 근거해서 성경을 뜯어고쳤다.

■ 새롭게 깨달았거나 적용할 내용이 있다면 적어 보세요. ■

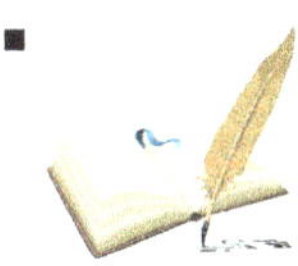

7. 히브리서 3:16 "모든 사람이 아니었다" vs. "모든 사람이었다"

<한글킹제임스성경>	<개역/개정판>
이는 어떤 자들이 말씀을 들을 때에 격노케 하였음이라. 그러나 모세에 의하여 이집트에서 나온 모든 사람이 그리한 것은 아니었느니라.	듣고 격노케 하던 자가 누구뇨 모세를 좇아 애굽에서 나온 모든 이가 아니냐 ※ 새번역 - 모두가 아니었습니까? 쉬운성경 - 사람들이 아니었습니까?

모세에 의해 이집트에서 나온 사람들 가운데 20세 이하의 사람들(민 14:29)과 여호수아와 칼렙은 하나님을 격노케 하지 않았다. 그러나 개역성경은 모든 사람들이 격노케 했다고 오역함으로 성경을 모순되게 만들었다.

8. 로마서 8:1 "육신을 따르지 않고 성령을 따라 행하는 사람"

<한글킹제임스성경>	<개역/개정판>
그러므로 이제 그리스도 예수 안에 있는 자들에게는 결코 정죄함이 없나니, 그들은 육신을 따라 행하지 아니하고 성령을 따라 행하느니라.	그러므로 이제 그리스도 예수 안에 있는 자에게는 결코 정죄함이 없나니 ※ 새번역, 쉬운성경 - 삭제

구원받은 그리스도인도 성령으로 충만하지 못하고 육신을 따라 살면, 일시적인 정죄를 받게 된다. 『**너희가 육신을 따라 살면 죽을 것이나 성령을 통하여 몸의 행실을 죽이면 살리라**』(롬 8:13). 성령을 따라 행하는 것이 육신을 이기는 길이며 정죄를 받지 않는 길이다. 이 구절에서 "정죄"는 구원을 잃어버리고 지옥에 간다는 의미가 아니라, 구원받은 그리스도인이 육신을 따라 살 때 받게 될 "징계"를 의미한다. 이러한 진리를 알려 주는 말씀이 개역성경 같은 변개된 성서들에서는 삭제되어 있는 것이다.

9. 고린도전서 6:20 "하나님의 것" vs. "나의 것"

<한글킹제임스성경>	<개역/개정판>
너희는 값을 치르고 산 것이니 그러므로 하나님의 것인 너희 몸과 너희 영으로 하나님께 영광을 돌리라.	값으로 산 것이 되었으니 그런즉 너희 몸으로 하나님께 영광을 돌리라 ※ 새번역, 쉬운성경 - 삭제

그리스도인의 모든 것은 "하나님의 것"이다. 그리스도인의 몸과 영도 하나님께서 값을 치르고 사신 것이다. 그러나 개역성경은 『**하나님의 것인**』이라는 말씀을 삭제하여 "그리스도인의 헌신"을 방해하고 있다.

10. 시편 12:6,7 "성경 말씀의 보존" vs. "유대인의 보호"

<한글킹제임스성경>	<개역/개정판>
6 **주**의 말씀들은 순수한 말씀들이라. 흙 도가니에서 단련되어 일곱 번 정화된 은 같도다. 7 오 **주**여, 주께서 이 말씀들을 간수하시리니 주께서 이 세대로부터 영원토록 그것들을 보존하시리이다.	6 여호와의 말씀은 순결함이여 흙 도가니에 일곱 번 단련한 은 같도다 7 여호와여 저희를 지키사 이 세대로부터 영영토록 보존하시리이다 ※ 새번역 - 우리 쉬운성경 - 저희

성경 변개자들은 『**그것들**[말씀들]』을 "저희"(유대인)로 바꿈으로써, 하나님께서 그분의 말씀들이 기록된 성경을 보존하신다는 매우 중요한 약속을 없애 버렸다. 이로써 그들은 지금껏 한 번도 보지 못한 "최초의 원본"만을 권위가 있는 성경으로 여기고 있으며, 그것의 필사본이나 번역본의 권위를 부정하는 불신앙을 기독교계 안에 팽배하게 만들었다. 그러나 위 구절들에서 보는 바와 같이, 하나님께서는 "최초의 원본"을 필사본과 번역을 통해 간수하고 보존하셔서 우리 손에 들려 주셨다. 그렇게 보존된 성경이 바로 〈한글킹제임스성경〉이다.

NOTES

제6과
표준킹제임스성경의 문제들

『네가 진리의 말씀을 올바로 나누어 자신이 하나님 앞에 부끄럽지 않은 일꾼으로 인정받도록 공부하라』(딤후 2:15).

올바른 번역본의 기준

성경은 그것이 한 구원받은 그리스도인의 "최종 권위"가 되었을 때, 그 그리스도인의 모든 삶을 주관하는 기준이고, 이정표이며, 푯대가 된다. 그 그리스도인의 모든 삶이 그 안에 들어가게 되는 것이다. 그러므로 성경은 하나님의 말씀이 순수하게 보존되어 있어야 하고, 번역한 사람의 개인적인 사상이나 판단이 포함되어 있으면 안 된다. 그렇다면 어떤 번역본이 "최종 권위"가 될 수 있는 번역본인가?

성경 번역본이 올바른 번역본인지를 판별하는 기준은, 첫째, 올바른 저본에서 번역되어야 한다. 둘째, 언어적으로나 성경적으로나 올바른 우리말 어휘를 선정해야 한다. 셋째, 문장이 우리말답게 만들어져야 한다. 이렇게 크게 3가지로 제시될 수 있다.

한글개역성경, 개역개정판, 공동번역성서, 현대인의성경, 현대어성경, 표준새번역, 쉬운성경, 우리말성경 등 한글 성경들의 대부분은 첫째 기준에서 이미 번역본으로서의 가치를 상실했고, 영어 〈킹제임스성경〉에서 번역된 성경들은 〈한글킹제임스성경〉을 제외하고는 둘째와 셋째 기준에 부합되지 못하기에 올바른 번역본이라 할 수 없다.

특히 표준킹제임스성경(이하 표준역)은 번역의 원칙에서 크게 벗어나 차마 번역이라고 말할 수조차 없지만, 인터넷과 유튜브를 이용해 잘못된 논리를 마치 바른 원리인 것처럼 유포하고 있기 때문에 이를 바로 잡고자 한다.

어색한 어휘와 표현으로 번역된 표준역

1. 부정관사의 어색한 번역

영어의 부정관사(a, an)는 우리말에 없는 품사이다. 그래서 부정관사를 억지로 해석하면, 어색한 해석이 된다. 하물며 번역은 더욱 그렇다. 단지 뜻을 옮겨 놓는 "해석"을 하는 것이 아니라, 우리말답게 "번역"을 하려면, 우리말에 대한 충분한 이해와 연구가 필요하다. 이제 표준역의 부정관사 번역에 관한 내용을 살펴보자. 부정관사의 어색한 사용은 표준역 전체에 걸쳐 있지만, 일부 예들만으로도 충분하여 잠언 11장에서 몇 부분을 언급하겠다.

1) 잠언 11:30

<한글킹제임스성경>	<표준킹제임스성경>
의로운 자의 열매는 생명의 나무니, 혼들을 이겨오는 자는 현명하니라.	의로운 자의 열매는 한 생명나무요, 혼들을 쟁취하는 자는 지혜로우니라.
The fruit of the righteous *is* a tree of life; and he that winneth souls *is* wise.	

영어의 부정관사는 우리말로 해석하면 어색해지기 쉬운 말이기 때문에 의도적으로 "하나" 또는 "한 종류"라는 사실을 반드시 반영하여 해석해야 하는 경우를 제외하고 번역하지 않는 것이 자연스럽다. This is a pen.을 "이것은 한 펜이다."라고 해석하면 어색하다고 중학교 때 이미 배우지 않았던가! 요즘에는 초등학생들도 이렇게 해석하지 않는다. 게다가 "혼을 이겨온다"는 좋은 표현이 있는데도, 굳이 "혼을 쟁취한다"는 어색한 표현을 사용한 것은 〈한글킹제임스성경〉의 독특한 표현을 피하여 다른 어휘를 선택하고 자기만의 주장을 하기 위해 억

지로 다른 단어를 선택한 것이 아닌가 생각된다.

2) 잠언 11:18

<table>
<tr><th><한글킹제임스성경></th><th><표준킹제임스성경></th></tr>
<tr><td>악인은 속이는 일을 하나, 의를 뿌리는 자에게는 확실한 상이 있느니라.</td><td>사악한 자는 속이는 일을 수행하느니라. 그러나 의를 뿌리는 자에게는 하나의 확실한 보상이 있으리라.</td></tr>
<tr><td colspan="2">The wicked worketh a deceitful work: but to him that soweth righteousness shall be a sure reward.</td></tr>
</table>

이 구절도 "하나의"를 넣어 어색할 뿐만 아니라, 부정관사 번역에 일관성이 없다. 또한 대구(對句)의 뉘앙스를 살려서 『**하나,**』처럼 술어와 접속사를 합쳐 번역하면 자연스러울 것을 "수행하느니라."라는 어색한 단어를 쓰고, "그러나"를 분리해서 씀으로써 딱딱한 문장으로 만들어 버렸다. 표준역은 술어와 접속사를 분리하여 번역한 경우가 많은데, 읽을 때 불편감을 주는 큰 요인이다.

3) 잠언 11:22

<table>
<tr><th><한글킹제임스성경></th><th><표준킹제임스성경></th></tr>
<tr><td>아름다운 여인에게 분별이 없는 것은 마치 돼지 코에 금고리 같으니라.</td><td>돼지 코에 있는 하나의 금 장신구같이 분별이 없는 어여쁜 여자도 그러하도다.</td></tr>
<tr><td colspan="2">As a jewel of gold in a swine's snout, so is a fair woman which is without discretion.</td></tr>
</table>

표준역은 여기서도 "하나의"를 넣어 어색한 번역을 하였고, 일관성 없이 한 부정관사는 번역하고 다른 부정관사는 번역하지 않았다. 같은 장인 11:1 『**속이는 저울은 주께 가증한 것이나, 공정한 추는 그의 기쁨이니라.**』(A false balance *is* abomination to the LORD: but a just weight *is* his delight.)에서는 「거짓된 저울은 **주**께 가증함이라. 그러나 공정한 저울추는 그분께 큰 즐거움이라.」처럼

아예 부정관사를 번역하지 않았는데, 이처럼 어떤 부정관사는 번역하고 어떤 부정관사는 번역하지 않아 일관성 없는 번역을 보여 주고 있다.

〈한글킹제임스성경〉도 『**하나님은 한 영이시니**』(God is a Spirit:)(요 4:24)처럼 부정관사 a를 번역한 경우가 있으나, 이 경우에는 부정관사 a를 번역하지 않으면, 하나님의 영이 천사의 영, 마귀의 영, 사람의 영, 동물의 영 등과 구분되는 다른 종류의 영이라는 사실이 드러나지 않고, 오히려 하나님이 천사나 마귀처럼 영적인 존재이기만 한 것처럼 오인될 수 있기 때문에 부정관사의 의미를 살려서 번역한 것이다. (실제로 변개된 영어 성서들은 "God is Spirit."으로 번역하여 하나님을 천사나 마귀와 같은 영적이기만 한 존재로 격하시켰다.) 그러나 이러한 경우를 제외하고는 부정관사의 억지스런 번역은 바른 번역이 될 수 없다.

2. 자연스럽지 못한 복수형 번역

1) 에베소서 1:16

<한글킹제임스성경>	<표준킹제임스성경>
너희로 인하여 감사드리기를 그치지 아니하고 나의 기도에 너희를 말하노라.	나의 기도들에 너희를 거명하며 너희에 대하여 감사들을 드리는 것을 그치지 아니하느니라.
Cease not to give thanks for you, making mention of you in my prayers;)	

표준역은 복수를 나타내는 어미 "-들"을 잘 사용하지 않는 우리말의 특성을 무시하고 "-들"을 무분별하게 사용하여 자연스럽지 못한 번역이 많다. 게다가 표준역 번역자는 영어를 잘 모르는 사람이다. 영어에서는 한 번 감사할 일에도 give thanks를 쓴다. 또한 우리말에서는 여러 가지 감사할 일이 있어도 어색하게 "감사들을 드립니다."라고 말하지 않는다. 그냥 "감사드립니다."라고 말한다. 우리말은 복수형을 나타내는 어미 "-들"을 잘 사용하지 않는다. "감사"뿐만 아니

라 "기도"도 마찬가지이다. 여러 번 기도한다고 해서 "기도들"을 한다고 표현하지 않는다. 우리는 "모든 일에 감사와 기도가 그치지 않게 하라."라고 말하지, "모든 일들에 감사들과 기도들이 그치지 않게 하라."라고 말하지 않는다. 우리말의 뉘앙스를 잘 살리려면 복수형의 번역에 주의해야 한다.

2) 고린도전서 13:2

<한글킹제임스성경>	**<표준킹제임스성경>**
또 산을 옮길 만한 모든 믿음이 있다 해도	또 내게 모든 믿음이 있어 내가 산들을 옮길 수 있을지라도,
and though I have all faith, so that I could remove mountains,	

표준역 번역자는 복수형을 그대로 번역하는 것이 더 잘 번역하는 것이라는 잘못된 생각을 가지고 있다. 이러한 잘못된 생각은 아마도 우리말의 특성에 대한 무지에서 오는 것이 아닌가 생각된다. 우리말은 "등산가는 전문적으로 산에 오르는 사람이다."라고 표현하지, "등산가는 전문적으로 산들에 오르는 사람이다."라고 표현하지 않는다. 또 "나는 물고기를 잡으러 강이나 바다에 자주 간다."라고 표현하지, "나는 물고기들을 잡으러 강들이나 바다들에 자주 간다."라고 표현하지 않는다. "-들"을 빼고도 의미를 전달하는 데 아무런 문제가 없고, 오히려 더 자연스러운데도 억지로 "-들"을 넣어 번역하는 것은 우리말의 특성을 무시한 번역이다.

3. 부적절한 어휘 선정

표준역은 영어 단어에 집착하여 기계적인 해석을 함으로써 자연스럽고 우리말답게 번역해야 한다는 원칙을 이탈했기에 번역이라 부르기에는 너무 조악하다. 적합하지 않거나 너무 어색한 단어들을 채택하여 우리말의 자연스러운 뉘앙스를 전혀 살리지 못한 것이다. 부적절한 단어 선정의 예를 몇 가지 제시하면 다음과 같다.

1) 출애굽기 34:13

<table>
<tr><th><한글킹제임스성경></th><th><표준킹제임스성경></th></tr>
<tr><td>너희는 그들의 제단들을 허물고 그들의 형상들을 부수며 아세라들을 베어 낼지니라.</td><td>오히려 너희는 그들의 제단들을 파괴하고 그들의 형상들을 부수며 그들의 작은 수풀들을 베어 낼지니,</td></tr>
<tr><td colspan="2">But ye shall destroy their altars, break their images, and cut down their groves:</td></tr>
</table>

영어 단어 grove는 "작은 숲"이라는 뜻이다. 그렇다고 해서 "작은 수풀"이라는 번역이 옳은 것은 아니다. grove는 히브리어로 "아세라"(אֲשֵׁרָה)이다. 아세라가 무엇인지는 성경 스스로가 설명해 준다. 『**너는 네가 만든 주 너의 하나님의 제단 곁에 어떤 나무로도 아세라를 심지 말며**』(신 16:21). 이 말씀은 살아 있는 나무(tree)를 심지(plant) 말라는 뜻이다. 아세라가 형상이 아니라 살아 있는 나무를 지칭한다는 것이 성경에 분명히 제시되어 있는 것이다. 아세라는 "우상 숭배를 위해 우상 곁에 심은 일단의 살아 있는 나무들"을 지칭하지만, 아세라 자체도 우상과 같이 숭배되었다(판 3:7, 대하 24:18). 히브리어에서 영어 킹제임스성경을 번역한 번역자들은 이러한 이유로 "아세라"를 "grove"라고 번역하는 것이 가장 합리적인 번역이라고 판단한 것이다. grove는 조경학적으로 "인공적으로 조성한 작은 숲이나 정원"을 의미하는 단어로서 당시 영어를 사용하는 사람들이면 누구나 "우상을 섬기기 위해 인공적으로 심은 나무들"인 것을 알 수 있었기 때문이다.

그러나 영어 단어 grove를 우리말 "작은 숲"으로 번역할 경우에는 그 의미가 보존되지 않는다. 그래서 우리말 성경을 번역할 때에 히브리어 단어를 그대로 가져와서 "아세라"로 음역한 것이다. 그래야 우리말 성경을 읽는 사람들이 "아세라"라는 말을 읽을 때 "우상을 섬기기 위해 인공적으로 심은 나무들"인 것을 알 수 있기 때문이다. 왜 영어 킹제임스성경 번역자들이 아세라(אֲשֵׁרָה)를 grove로 번역했는지 모르는 사람들은 grove를 "작은 숲"으로 번역하는 것이 옳다고 주장하겠지만 그것은 엉터리 번역에 불과하다.

2) 출애굽기 35:10

<table>
<tr><th><한글킹제임스성경></th><th><표준킹제임스성경></th></tr>
<tr><td>너희 가운데 현명한 마음을 가진 자는 모두 나와서 주께서 명령하신 모든 것을 만들지니,</td><td>너희 가운데 지혜로운 마음이 된 모든 자마다 나와서 주께서 명령하신 모든 것을 만들지니라.</td></tr>
<tr><td colspan="2">And every wise hearted among you shall come, and make all that the LORD hath commanded;</td></tr>
</table>

표준역은 wise heart에 "형용사화 접미사" -ed가 붙은 것을 "수동태"라고 주장하면서 "~된"을 붙여서 번역해야 한다고 주장한다. 영어는 명사에 -ed를 붙여서 형용사로 만드는 용법이 있다. 이것은 수동태가 아니다. heart(마음)가 붙은 말로는 open hearted(솔직한), big hearted(관대한), cool hearted(냉담한) 등이 있으며, 그 외의 단어에도 right handed(오른손잡이의), left handed(왼손잡이의), ham handed(서투른), hard headed(고집 센), cool headed(냉정한), broken winged (날개가 부러진), fork tailed(꼬리가 두 갈래인), cross eyed(사시의), eagle eyed (예리한)처럼 명사에 -ed를 붙여 형용사를 만든다. 결코 수동태가 아니다. 표준역 번역자는 이렇게 영어의 단순한 용법도 모르면서 어떻게 번역을 하겠다고 마음먹었는지 의아하기만 하다.

3) 신명기 16:10

<table>
<tr><th><한글킹제임스성경></th><th><표준킹제임스성경></th></tr>
<tr><td>네 손의 자원하는 예물과 함께 주 너의 하나님께 칠칠절을 지킬지니라.</td><td>그리하여 너는 주 너의 하나님께 칠칠절을 지키되, 너희 손이 자유 의지로 드리는 한 제물의 공물로 지킬지니,</td></tr>
<tr><td colspan="2">And thou shalt keep the feast of weeks unto the LORD thy God with a tribute of a freewill offering of thine hand,</td></tr>
</table>

『자원하는 예물』을 표준역은 「자유 의지로 드리는 한 제물」이라고 번역했다. 참으로 어색한 표현을 좋아하는 사람의 번역이라 할 수 있다. "자유 의지로 드리는"이라는 표현도 어색하지만, 거기에 "한"을 붙여 더욱 어색하게 번역하였다. 하물며 아모스 4:5의 『**자원하는 제물**』(the free offerings)은 「자원하여 드리는 제물들」로 번역했고, 레위기 7:16의 『**자원하는 예물**』(a voluntary offering)은 「하나의 자발적으로 드리는 제물」로 번역했다. 모두 다 똑같이 "자원하는 제물"을 뜻하는데, 왜 "자유 의지로 드리는 한 제물," "자원하여 드리는 제물," "하나의 자발적으로 드리는 제물"이라고 어색하게 표현하는가? 우리말 "자유 의지"와 "자원"과 "자발"이 다르다는 말인가? 모두 공통적으로 같은 "자원하는 예물"을 뜻하는데 굳이 다르게 번역하는 것이 의미 있는 번역인가?

4) 잠언 29:18

<한글킹제임스성경>	<표준킹제임스성경>
환상이 없는 곳에서는 백성이 망하나, 율법을 지키는 자는 행복하니라.	현시가 없는 곳에서는 백성이 멸망하느니라. 그러나 율법을 지키는 자, 그는 행복하니라.
Where *there is* no vision, the people perish: but he that keepeth the law, happy *is* he.	

"환상"의 사전적 의미는 "현실적인 기초나 가능성이 없는 헛된 생각이나 공상"이다. 이것이 vision의 성경적 용례와 다르다고 생각한 표준역은 "환상" 대신 "현시"(顯示)라는 단어를 대안으로 생각한 것이다. 표준역은 이 단어에 특별한 의미를 부여하고자 노력했으나, 현시라는 것은 그냥 "나타내 보임"을 의미한다. 사전에는 현시의 유의어로 명시, 제시, 표시를 들고 있다. 현시란 보통 사람들의 눈에 보이게 나타내는 것(manifestation, presentation)을 의미할 뿐 계시를 보여 주시는 것에 적용할 수 없다.

그러나 환상(vision)은 다른 사람에게 보이지 않는 것이 그 사람에게만 보이는 것을 의미한다. 아나니아, 바울, 베드로가 본 것은 현시가 아닌 환상이다. 다른 사람에게는 보이지 않았기 때문이다. 그러므로 아직 일어나지 않은 일을 상상해 보는 것도 다른 사람의 눈에는 보이지 않으므로 환상(vision)이라고 할 수 있다. 이런 의미에서 "미래에 성공한 자신의 모습을 상상해 보는 것"을 "비전(vision)을 가진다."라고 표현하는 것은 올바른 용례이다.

그리스도인이라면 당연히 "휴거의 환상," "그리스도의 심판석의 환상," "재림의 환상," "천년왕국의 환상," "새 예루살렘의 환상"을 가져야 한다. 환상의 사전적 의미가 성경에서 사용하는 용례와 다르지만, 선택 가능한 가장 적합한 단어가 "환상"인 것은 분명하다.

5) 빌립보서 2:12

<한글킹제임스성경>	**<표준킹제임스성경>**
두려움과 떨림으로 너희 구원을 온전히 이루라.	두려움과 떨림으로 너희 소유의 구원을 나타내라.
work out your own salvation with fear and trembling.	

『**너희 구원을 온전히 이루라.**』를 표준역은 「너희 소유의 구원을 나타내라.」로 번역했는데, 너무 어색한 표현이라 우리말을 읽고서도 무슨 뜻인지 한참을 생각해 보아야 한다. 표준역 번역자가 문자 대 문자 번역에 연연하여 own을 억지로 번역하는 것은 아무런 의미도 없는 번역이다. "너희 책"이라고 하면 될 것을 "너희 소유의 책"이라고 표현하는 사람이 있는가? 한국 사람은 아무도 이런 식의 표현을 쓰지 않는다. 그뿐만 아니라 사도 바울은 work out을 "구원받은 사람에게 합당한 실행으로 온전한 그리스도인의 삶을 이루라."라는 의미로 빌립보 교회 성도들에게 사용한 것이다. 그러므로 "이루라"라는 번역이 가장 적합한 표현이다. "남들에게 드러내 보이기 위해 나타내라."라는 의미로 사용된 것이 결코 아님을 알아야 한다.

6) 디모데후서 3:15

<한글킹제임스성경>	<표준킹제임스성경>
또 어릴 때부터 네가 성경을 알았으니, 그 성경은 너로 그리스도 예수 안에 있는 믿음으로 인하여 구원에 이르도록 지혜롭게 할 수 있느니라.	그리고 아이일 때부터 너는 성경의 거룩한 기록들을 알았으니, 그 말씀들은 그리스도 예수 안에 있는 믿음을 통하여 구원에 이르도록 능히 너를 지혜롭게 할 수 있느니라.
And that from a child thou hast known the holy scriptures, which are able to make thee wise unto salvation through faith which is in Christ Jesus.	

우리는 "성경을 읽는다." "성경을 안다."라고 말한다. "성경의 거룩한 기록들을 읽는다." "성경의 거룩한 기록들을 안다."라고 표현하지 않는다. 하물며 표준역도 " 그 기록들이... 지혜롭게 할 수 있느니라."라고 번역하면 어색하니, 그것을 "그 말씀들이... 지혜롭게 할 수 있느니라."로 번역한 것이다. "말씀"이라는 단어는 어디서 나왔는가? "기록"이라는 단어를 사용하면 어색하여 어쩔 수 없이 "말씀"이라는 단어를 사용함으로써 스스로 어색한 번역임을 자인하고 있지 않은가! 하물며 다음 절인 디모데후서 3:16 『**모든 성경은 하나님의 영감으로 주어진 것으로**』(All scripture *is* given by inspiration of God,)도 「성경의 기록된 모든 말씀은 하나님의 영감으로 주어진 것으로」처럼 어색하게 번역했다. "성경"이라는 단어 자체가 "성경 안에 기록된 말씀들"을 의미한다. 표준역 번역자는 그것도 모르는가?

번역 안에 임의로 주석을 넣은 표준역

표준역은 "번역"과 "주석"의 차이를 모르는 사람의 번역이다. 번역에 자기 생각에 따라 임의의 단어를 추가로 넣는 것은 "첨가"에 해당하는 변개 행위이다.

그뿐만 아니라 번역하는 단어의 의미를 정확하게 한답시고 "설명"이나 "해설"을 넣으면 안 된다는 사실을 망각하고 단어에 수식어를 붙이기도 했다. 표준역 번역자는 진정 번역이 무엇인지 모르는 사람이다.

1. 신명기 23:17

<한글킹제임스성경>	<표준킹제임스성경>
이스라엘의 딸들 중에서는 창녀가 있지 못할 것이며 이스라엘의 아들들 중에서는 남색자가 있지 못할 것이니라.	이스라엘의 딸들 중에 어떤 매춘부도 없게 하고, 이스라엘의 아들들 중에 소돔족, *곧 성도착자*가 한 명도 없게 할지니라.
There shall be no whore of the daughters of Israel, nor a sodomite of the sons of Israel.	

번역을 함에 있어서 "어떤"과 "한 명도"를 넣어 어색한 번역을 한 것은 차치하고라도, 대문자 S가 아닌 소문자 s로 되어 이미 소돔이라는 지역의 의미가 사라진 sodomite라는 단어를 "남색자"라는 정확한 뜻이 있는데도 불구하고 "소돔족"으로 음역하고, 원문에 있지도 않은 "곧 성도착자"라는 "주석"을 번역자 마음대로 번역 안에 "첨가"한 것은 도저히 받아들일 수 없는 부분이다.

인명이나 지명은 주로 음역한다. 그러므로 Jebusite, Amorite, Ammonite와 같은 단어는 여부스인, 아모리인, 암몬인으로 번역한다. 이런 경우 첫 글자는 대문자로 쓴다. 그러나 "남색자"를 뜻하는 sodomite라는 단어는 항상 소문자로만 쓰였다(5회). 그리고 "소돔인들"(소돔의 남자들)은 the men of Sodom으로만 표기되었다(2회). 킹제임스성경의 번역자들은 sodomite가 "남색자"라는 뜻으로만 쓰이는 단어였기에 "소돔인들"이라는 의미로 사용할 수 없었던 것이다.

표준역은 주석서인가? 왜 "곧 성도착자"라는 "주석"을 본문 안에 넣었는가? 이렇게 자기 마음대로 단어들을 "첨가"해도 되는 것인가? 그래서 "기울임체"를 사용한 것이라고 말할지 모르지만, 기울임체를 쓰기만 하면 번역에 아무 말이나 넣어도 된단 말인가? 게다가 "남색자"를 "성도착자"라고 주석한 것이 말이 되는가? "남색"이라는 정확한 의미를 사용하지 않고 "성도착"이라는 포괄적 단어를 사용함으로써 sodomite의 의미를 희미하게 만든 이유가 무엇인가? 미국의 배교한 근본주의자들처럼 "너무 노골적인 단어"는 "피해서" 주석한 것인가?

2. 빌립보서 1:8

<한글킹제임스성경>	**<표준킹제임스성경>**
내가 예수 그리스도의 마음으로 너희 모두를 얼마나 그리워하는지는 하나님이 나의 증인이시라.	이는 내가 예수 그리스도의 심정으로 너희 모두를 얼마나 크게 그리워하는지는 하나님께서 나의 *살아 있는 기록*이시기 때문이라.
For God is my record, how greatly I long after you all in the bowels of Jesus Christ.	

『**하나님이 나의 증인이시라.**』를 표준역은 「하나님께서 나의 *살아 있는* 기록이시기 때문이라.」로 번역했다. record의 헬라어는 "마르튀스"(μάρτυς)이며 "증거, 증인, 순교자"란 뜻이다. 영어 킹제임스성경의 번역자들이 "문서 등으로 남아 있는 증거"를 의미하는 record를 "마르튀스"에 해당하는 가장 적합한 단어로 선정한 것이다. 그러므로 record는 "증거"로서의 "인물"을 담을 수 있는 표현이며, 이에 가장 적합한 우리말 단어는 "증인"이다. 표준역 번역자는 〈킹제임스성경〉의 번역자들이 헬라어 원문의 "마르튀스"라는 단어를 record라는 단어로 옮길 때 어떤 의미를 의도했는지 생각할 수 없었던 것이다.

표준역이 선택한 "기록"이라는 우리말 단어에는 인물의 뉘앙스가 없다. 하물며 표준역은 그냥 "기록"이라고 번역하면 사람들이 "죽은 기록"이라고 생각할까 봐, "*살아 있는*"이라는 "주석"까지 넣었는가? 번역에 번역자 마음대로 "주석"을 넣어도 되는가?

3. 고린도전서 13:2

<한글킹제임스성경>	<표준킹제임스성경>
또 산을 옮길 만한 모든 믿음이 있다 해도 사랑이 없으면 나는 아무것도 아니요,	또 내게 모든 믿음이 있어 내가 산들을 옮길 수 있을지라도, 희생하는 사랑이 없으면 나는 아무것도 아니니라.
and though I have all faith, so that I could remove mountains, and have not charity, I am nothing.	

표준역의 번역자는 charity는 사랑 중에서도 특별히 "희생하는 사랑"을 의미한다는 자기 생각을 번역 안에 꼭 넣고 싶었던 모양이다. 그러나 제시된 표를 보면 그러한 구분은 매우 인위적이고 적절치 않다는 것을 금방 알 수 있다. 표준역 번역자는 그저 charity에 대한 잘못된 자기 생각을 "주석"으로서 번역 안에 넣은 것이다.

Love가 사용된 구절	Charity가 사용된 구절
고린도전서 16:24 나의 사랑이 그리스도 예수 안에서 너희 모두와 함께 있을지어다. 아멘.	고린도전서 16:14 너희의 모든 일을 사랑으로 행하라.
골로새서 1:4 그리스도 예수를 믿는 너희의 믿음과 모든 성도에 대한 너희의 사랑을 들었음이요,	골로새서 2:2 이는 그들의 마음이 위로를 받고 사랑으로 엮어져서 완전한 이해의 확신이 모든 풍요함에 이르러
데살로니가전서 1:3 우리 주 예수 그리스도 안에서 너희의 믿음의 행위와 사랑의 수고와 소망의 인내를 하나님, 곧 우리 아버지 앞에서 쉬지 않고 기억함이니	데살로니가후서 1:3 형제들아, 우리가 너희를 위하여 항상 하나님께 감사드리는 것이 마땅하고 합당하니, 이는 너희 믿음이 크게 자라고 또 너희 모두가 각기 서로 사랑하는 것이 풍성함이라.

디모데전서 6:11 그러나, 오, 하나님의 사람인 너는 이 것들을 피하라. 그리고 의와 경건과 믿음과 사랑과 인내와 온유를 추구하라.	디모데전서 4:12 아무도 너의 연소함을 업신여기지 못하게 하고, 오직 너는 말과 행실과 사랑과 영과 믿음과 순결에 있어서 믿는 자들의 본이 되라.
베드로전서 1:22 너희가 성령을 통하여 진리에 순종함으로써 너희 혼들을 정결케 하여 가식 없는 형제 사랑에 이르렀으니 순결한 마음으로 서로 뜨겁게 사랑하라.	베드로전서 4:8 무엇보다 서로 뜨겁게 사랑하라. 이는 사랑이 허다한 죄들을 덮기 때문이니라.

두 가지 뜻을 섞어서 번역한 표준역

표준역의 번역자는 번역을 할 때 한 단어에 한 의미를 선택해야 한다는 것도 모르면서 번역했다. 몰랐다기보다는 오히려 무시했다고 해야 할 것이다. 이러한 임의적 번역은 거의 번역의 한계를 넘어선 "창작"의 수준이다.

1. 마태복음 26:28 : "언약"의 의미로 사용된 "테스터먼트"(Testament)

<한글킹제임스성경>	<표준킹제임스성경>
나의 새 언약의 피이기 때문이라.	새 유언의 언약에 속한 나의 피이기 때문이라.
For this is my blood of the new testament,	

테스터먼트(testament)에는 "유언"이라는 뜻과 "언약"이라는 뜻이 있지만 "유언의 언약"이라는 뜻은 없다. "유언의 언약"이 무슨 뜻인가? "유언으로 말한 언

약"이라는 뜻인가? 그렇다면 왜 "언약의 유언"이라고 하지 않았는가?

테스터먼트(testament)를 번역할 때 번역자는 두 의미, 즉 "언약"과 "유언" 사이에서 어느 하나를 선택해야 한다. "언약"과 관련이 있든 없든 "유언"이라고 번역되어야 할 곳에서는 "유언"이라고 번역되어야 하며, "유언"과 관련이 있든 없든 "언약"이라고 번역되어야 할 곳에서는 "언약"이라고 번역되어야 한다. "유언의 언약"이나 "언약의 유언"처럼 임의로 새로운 의미를 창안하는 것은 번역에 있어서 있을 수 없는 일이다.

이것은 마치 "연을 날려라."(Fly a kite.)라고 번역해야 할 것을 kite에 "솔개"와 "연"이라는 뜻이 둘 다 있다는 이유로 "솔개의 연을 날려라." 또는 "연의 솔개를 날려라."로 번역한 것과 같다. 이런 엉터리 번역이 어디 있는가?

2. 히브리서 9:16,17 : "유언"의 의미로 사용된 "테스터먼트"(Testament)

<한글킹제임스성경>	<표준킹제임스성경>
유언이 있는 곳에는 유언한 자의 죽음도 필연코 따라와야 하리니 유언은 사람이 죽은 후에야 효력이 있으며 유언한 자가 살아 있는 동안에는 전혀 효력이 없느니라.	이는 유언의 언약이 있는 곳에는 그 유언자의 죽음 또한 필수적으로 있어야 하기 때문이라. 이는 유언의 언약은 사람들이 죽은 뒤에야 효력이 있기 때문이라. 그렇지 않다면 그것은 그 유언자가 살아 있는 동안에 전혀 영향력이 없느니라.
For where a testament *is*, there must also of necessity be the death of the testator. For a testament *is* of force after men are dead: otherwise it is of no strength at all while the testator liveth.	

이 구절은 "유언한 사람이 죽어야 유언의 효력이 있다."는 설명을 하는 부분으로서, 반드시 "유언"으로 번역되어야 하는 부분이다. "유언의 언약"처럼 "언약"이라는 단어를 집어넣어 번역할 아무런 근거가 없다. 만약 그렇게 굳이 "유

언의 언약"이라고 번역되어야 한다면 어째서 "유언자"는 "유언의 언약자"라고 번역하지 않았는지도 의문스럽다. 표준역은 그저 아무렇게나 해석해 본 것이라고 생각할 수밖에 없다.

3. 다니엘 11:38

<한글킹제임스성경>	<표준킹제임스성경>
그러나 그의 자리에서 그가 군대의 신을 공경하리니	그러나 그는 자신의 영지에서 전력들의 신을 공경하리라.
But in his estate shall he honour the God of forces:	

"전력들"이라 표현이 복수형 "-들"을 써서 어색하다는 사실은 차치하고라도, 전력이라는 단어가 정확하게 어떤 뜻으로 사용되었는지 확정하지 않았다는 것이 큰 문제이다. 표준역 번역자의 설명에 따르면 영어의 forces가 전기의 힘[電力]을 의미할 수도 있고, 전투하는 능력[戰力]을 의미할 수도 있고, 모든 힘[全力]을 의미할 수도 있어서 이 모든 의미를 다 표현할 수 있는 "전력"이라는 단어를 선정했다고 한다. 그러나 번역이라는 것은 그런 것이 아니다. "원천어가 수용어로 번역될 때, 그 수용어는 하나의 의미로 확정되어야 한다." 즉 번역할 때, 정확한 의미를 가지고 있는 하나의 단어를 선정해야 하는 것이다. 표준역의 번역자는 이런 원칙도 알지 못하고 번역을 한 것이다.

■ 새롭게 깨달았거나 적용할 내용이 있다면 적어 보세요. ■

"삭제"가 무엇인지 모르는 표준역 번역자

표준역 번역자는 영어 〈킹제임스성경〉에 있는 어휘들을 극단적으로 절대화함으로써, 그 어휘들이 우리말로 번역될 때, 무조건 문자 대 문자로 번역되어야 한다는 강박증을 가지고 있다. 그리고 그러한 잣대로 〈한글킹제임스성경〉을 어설프게 폄훼하려 한다. 특히 문자 대 문자로 번역되지 않은 부분에 대하여 "삭제"라는 극단적인 평가를 내려 〈한글킹제임스성경〉의 권위를 훼손시킴으로써 "표준역"을 우위에 두려고 노력한다. 그러나 그의 그러한 평가는 대부분 "원문비평학적 무지"에서 온 것으로서, 반론의 가치가 별로 없지만, 인터넷과 유튜브 등을 통해서 잘못된 논리를 마치 올바른 원리인 양 유포하여 바른 성경을 찾는 사람들에게 해악을 미치고 있기에 여기에 설명하고자 한다.

1. 접속사 And의 생략

표준역의 번역자는 영어 〈킹제임스성경〉의 접속사도 하나님께서 보존하신 단어이기에 반드시 번역되어야 하며, 접속사를 번역하지 않는 것은 하나님께서 금하신 "삭제"에 해당한다고 주장한다. 물론 하나님께서는 말씀에서 삭제하는 것을 엄격하게 금하셨다. 『**또 누구든지 이 예언의 책의 말씀들에서 삭제하면 하나님께서 생명의 책과 거룩한 도성과 이 책에 기록된 것들에서 그의 부분을 제하여 버리시리라**』(계 22:19). 그러므로 접속사를 생략하는 것이 "삭제"에 해당하는지 심각하게 생각해 볼 필요가 있다. "삭제"된 성경을 옹호한다면 삭제한 성경 변개자들처럼 삭제한 말씀을 전파하는 사람이 되므로 혹시 생명의 책에서 이름이 제해질지도 모를 일이기 때문이다. 그러나 결론적으로 말하자면, 접속사를 사용하는 것이 오히려 문장을 어색하게 만든다면, 문장의 의미와 뒤

앙스에 영향을 주지 않는 범위에서 접속사를 생략할 수 있다. 그리고 이것이 바른 번역이며 당연히 "삭제"가 아니다. 그리고 이러한 판단의 근거는 영어 〈킹제임스성경〉 안에 있다.

1) 〈킹제임스성경〉 번역자들이 히브리어에서 번역하지 않은 접속사의 예

(1) 창세기 3:6

『여자가 보니 그 나무가 먹음직하고 보기에도 즐겁고 현명하게 할 만큼 탐스러운 나무인지라, ✔ 그녀가 거기에서 그 열매를 따서 먹고 그녀와 함께한 자기 남편에게도 주니, 그가 먹더라.』

And when the woman saw that the tree *was* good for food, and that it *was* pleasant to the eyes, and a tree to be desired to make *one* wise, ✔ she took of the fruit thereof, and did eat, and gave also unto her husband with her; and he did eat.

וַתֵּרֶא הָאִשָּׁה כִּי טוֹב הָעֵץ לְמַאֲכָל
וְכִי תַאֲוָה־הוּא לָעֵינַיִם וְנֶחְמָד הָעֵץ לְהַשְׂכִּיל
וַתִּקַּח מִפִּרְיוֹ וַתֹּאכַל וַתִּתֵּן גַּם־לְאִישָׁהּ עִמָּהּ וַיֹּאכַל׃

영어 〈킹제임스성경〉의 번역자들은 히브리어 원문에 있는 접속사(וְ)를 번역하지 않았다. 접속사를 억지로 문자 대 문자로 번역하는 것이 영어 문장을 오히려 어색하게 한다고 생각했기 때문에 생략한 것이다. 이것이 삭제에 해당한다면, 영어 〈킹제임스성경〉의 번역자들도 모두 성경 변개자로서 생명의 책에서 지워졌을 것이다. 그러나 〈킹제임스성경〉의 번역자들은 누구보다도 하나님의 말씀을 존중하는 사람들이었음을 우리는 알고 있다.

(2) 여호수아 7:7

『**여호수아가 말하기를 "슬프도소이다. 오 주 하나님이여, 어찌하여 주께서는 이 백성을 인도하여 요단을 건너게 하시고 우리를 아모리인의 손에 넘겨주어 멸망시키려 하시나이까? ✔ 하나님께서 우리를 만족케 하시고 요단 건너편에 거하게 하셨다면!**』

And Joshua said, Alas, O Lord GOD, wherefore hast thou at all brought this people over Jordan, to deliver us into the hand of the Amorites, to destroy us? ✔ would to God we had been content, and dwelt on the other side Jordan!

וַיֹּאמֶר יְהוֹשֻׁעַ אֲהָהּ ׀ אֲדֹנָי יְהוִה
לָמָה הֵעֲבַרְתָּ הַעֲבִיר אֶת־הָעָם הַזֶּה אֶת־הַיַּרְדֵּן
לָתֵת אֹתָנוּ בְּיַד הָאֱמֹרִי לְהַאֲבִידֵנוּ
וְלוּ הוֹאַלְנוּ וַנֵּשֶׁב בְּעֵבֶר הַיַּרְדֵּן׃

영어 〈킹제임스성경〉의 번역자들은 히브리어 원문에 있는 접속사(ו)를 번역하지 않았다. (1)의 예와 마찬가지로 접속사를 억지로 문자 대 문자로 번역하는 것이 영어 문장을 오히려 어색하게 한다고 생각했기 때문에 생략한 것이다.

2) 〈킹제임스성경〉 번역자들이 헬라어에서 번역하지 않은 접속사의 예

(1) 마태복음 3:1

『**✔ 그 무렵에 침례인 요한이 와서 유대 광야에서 전파하여,**』

✔ In those days came John the Baptist, preaching in the wilderness of Judaea,

'Εν δὲ ταῖς ἡμέραις ἐκείναις παραγίνεται 'Ιωάννης ὁ βαπτιστὴς κηρύσσων ἐν τῇ ἐρήμῳ τῆς 'Ιουδαίας,

영어 〈킹제임스성경〉의 번역자들은 헬라어 원문에 있는 접속사(δὲ)를 번역하지 않았다. 히브리어의 예들과 마찬가지로 접속사를 억지로 문자 대 문자로 번역하는 것이 영어 문장을 오히려 어색하게 한다고 생각했기 때문에 생략한 것이다.

(2) 고린도전서 12:8-10

『8 어떤 사람에게는 성령을 통하여 지혜의 말씀을 주시고 ✔ 또 어떤 사람에게는 같은 성령을 따라 지식의 말씀을, 9 ✔ 또 어떤 사람에게는 같은 성령으로 믿음을, ✔ 어떤 사람에게는 같은 성령으로 병 고치는 은사들을, 10 ✔ 또 어떤 사람에게는 기적들을 행함을, ✔ 어떤 사람에게는 예언함을, ✔ 어떤 사람에게는 영들을 분별함을, ✔ 또 어떤 사람에게는 여러 가지 방언들을 말함을, ✔ 어떤 사람에게는 방언들을 통역함을 주시느니라.』

8 For to one is given by the Spirit the word of wisdom; ✔ to another the word of knowledge by the same Spirit; 9 ✔ To another faith by the same Spirit; ✔ to another the gifts of healing by the same Spirit; 10 ✔ To another the working of miracles; ✔ to another prophecy; ✔ to another discerning of spirits; ✔ to another *divers* kinds of tongues; ✔ to another the interpretation of tongues:

8 ᾧ μὲν γὰρ διὰ τοῦ πνεύματος δίδοται λόγος σοφίας ἄλλῳ δὲ λόγος γνώσεως κατὰ τὸ αὐτὸ πνεῦμα **9** ἑτέρῳ δὲ πίστις ἐν τῷ αὐτῷ πνεύματι ἄλλῳ δὲ χαρίσματα ἰαμάτων ἐν τῷ αὐτῷ πνεύματι **10** ἄλλῳ δὲ ἐνεργήματα δυνάμεων ἄλλῳ δὲ προφητεία ἄλλῳ δὲ διακρίσεις πνευμάτων ἑτέρῳ δὲ γένη γλωσσῶν ἄλλῳ δὲ ἑρμηνεία γλωσσῶν·

영어 〈킹제임스성경〉의 번역자들은 헬라어 원문에 있는 접속사(δὲ)를 번역하지 않았다. (1)의 예와 마찬가지로 접속사를 억지로 문자 대 문자로 번역하는 것이 영어 문장을 오히려 어색하게 한다고 생각했기 때문에 생략한 것이다.

2. It came to pass(~한 일이 있었다)의 생략

표준역의 번역자는 〈킹제임스성경〉의 It came to pass(~한 일이 있었다.)라는 표현 방식이 기록한 사람의 권위를 나타내는 표현이며, 성경에서 이 표현은 성경을 기록하신 하나님의 권위를 나타내는 표현이기 때문에 반드시 번역해야 한다고 주장한다. 그러나 어디서 들은 것인지는 몰라도 잘못 알고 있는 것이다. 이 표현은 우리말의 "옛날 옛적에 한 산골 마을에 늙은 어머니를 모시고 사는 한 총각이 있었는데"처럼 그냥 예스러운 표현일 뿐, 결코 글쓴이의 권위를 나타내는 표현이 아니다. 만약 이 표현이 그토록 중요한 표현이었다면, 〈킹제임스성경〉의 번역자들도 이 표현을 히브리어와 헬라어에서 번역할 때 일관성 있게 번역했을 것이다. 그러나 실제는 그렇지 않다.

〈킹제임스성경〉의 번역자들은 히브리어 와예히(וַיְהִי)와 헬라어 에게네토(ἐγένετο)를 영어로 번역하면서 영어 표현들 중에서 이 말들에 가장 부합되는 표현으로 It came to pass를 주로 사용하기는 했으나, 항상 이 표현으로만 번역하지 않았고, 문장의 흐름에 따라 다르게 번역하기도 하였다. 그러므로 문자 대 문자로 번역할 만큼의 권위 있는 표현이라는 표준역 번역자의 주장은 수용하기 어렵다. 또한 히브리어 와예히(וַיְהִי)와 헬라어 에게네토(ἐγένετο)를 권위 있는 표현이라고 말하는 히브리어 학자나 헬라어 학자는 없다. 그러므로 표준

역 번역자의 주장은 그 근거를 찾기 어려울 뿐만 아니라, 그의 원문비평학적인 소양은 차치하고 히브리어나 헬라어 원문을 제대로 확인할 능력이 있는지조차 의심스럽다.

1) 〈킹제임스성경〉 번역자들이 히브리어 와예히(וַיְהִי)를 It came to pass로 번역하지 않은 예

(1) And when(그리고 ~할 때)으로 번역한 예 : 창세기 15:12

『해가 질 때 아브람이 깊은 잠에 빠졌는데, 보라, 큰 흑암의 공포가 그에게 내리더라.』

And when the sun was going down, a deep sleep fell upon Abram; and, lo, an horror of great darkness fell upon him.

וַיְהִי הַשֶּׁמֶשׁ לָבוֹא וְתַרְדֵּמָה נָפְלָה עַל־אַבְרָם
וְהִנֵּה אֵימָה חֲשֵׁכָה גְדֹלָה נֹפֶלֶת עָלָיו׃

(2) And it was so(그리고 그것이 그러했다)로 번역한 예 : 열왕기상 14:28

『왕이 주의 전에 들어갈 때면 경호하는 자들이 그것들을 들고 갔다가 경호실로 다시 가져오더라.』

And it was *so*, when the king went into the house of the LORD, that the guard bare them, and brought them back into the guard chamber.

וַיְהִי מִדֵּי־בֹא הַמֶּלֶךְ בֵּית יְהוָה יִשָּׂאוּם הָרָצִים
וֶהֱשִׁיבוּם אֶל־תָּא הָרָצִים׃

2) 〈킹제임스성경〉 번역자들이 헬라어 에게네토(ἐγένετο)를 It came to pass 로 번역하지 않은 예 : 누가복음 2:6

『그들이 그곳에 있는 동안 날이 차서 그녀가 해산하게 되었더라.』

And so it was, that, while they were there, the days were accomplished that she should be delivered.

ἐγένετο δὲ ἐν τῷ εἶναι αὐτοὺς ἐκεῖ ἐπλήσθησαν αἱ ἡμέραι τοῦ τεκεῖν αὐτήν

3. "God forbid."(결코 그럴 수 없느니라.)에서 God을 하나님으로 번역하지 않은 것이 〈삭제〉라는 주장

표준역 번역자는 〈킹제임스성경〉에서 "God forbid."를 번역할 때, "결코 그럴 수 없느니라."처럼 "하나님"이라는 단어를 넣지 않고 번역하는 것이 신성한 "하나님"이라는 단어를 삭제한 것이라고 주장한다. 물론 성경에 있는 단어들 중에서도 "하나님"이라는 단어는 특히 함부로 다루어서는 안 될 것이다. 성경의 번역에 있어서 어떤 단어도 중요하지 않은 단어가 없겠지만, "하나님"이라는 단어는 특히 그러하다. 그러나 번역 과정에서 가장 적합한 어휘를 선택하는 문제는 표준역 번역자의 생각처럼 그렇게 단순한 것이 아니다.

우리가 〈킹제임스성경〉의 번역에 관하여 논의하면서 〈킹제임스성경〉의 번역자들의 판단은 어떠했는지 확인해 보는 것은 무엇보다도 중요한 일이다. 그러므로 〈킹제임스성경〉의 번역자들이 이 부분에서 사용된 "하나님"(God)이라는 단어에 대해 어떻게 생각했는지 알아보자. 일단 영어 "God forbid."에 해당하는 히브리어 단어는 "할릴라"(חָלִילָה)인데 이것은 "멀리하다, 결코 아니다"라는 뜻을 가진 단어일 뿐, 하나님을 뜻하는 "엘로힘"(אֱלֹהִים)과는 무관한 단어이

다. 또한 영어 "God forbid."에 해당하는 헬라어 단어는 "메 게노이토"(Μὴ γένοιτο)인데, 이것도 "그렇게 되지 않기를 바라노라."라는 뜻을 가진 단어일 뿐, 하나님을 뜻하는 "쎄오스"(θεός)와는 무관한 단어이다. 만약 표준역 번역자의 판단대로라면 〈킹제임스성경〉의 번역자들은 하나님과 무관한 단어를 번역하면서 "하나님"이라는 단어를 넣었으니, 성경에 "하나님"이라는 단어를 함부로 "첨가"한 "성경 변개자"들이라 해야 할 것이다. 그러나 〈킹제임스성경〉의 번역자들은 "할릴라"(חָלִילָה)와 "메 게노이토"(Μὴ γένοιτο)를 영어로 번역할 때, 그 뜻을 담은 가장 영어다운 표현이 바로 "God forbid."라고 판단한 것이다.

우리나라 사람들은 "결코 그럴 수 없다."는 뜻을 전하고 싶을 때, "결코 그럴 수 없다."라고 말한다. 우리나라 사람들은 "하나님께서 금하신다."라고 표현하지 않는다. 그러므로 〈한글킹제임스성경〉이 선택한 "결코 그럴 수 없느니라."라는 표현이 영어 "God forbid."의 번역으로 가장 적합한 표현이다.

〈킹제임스성경〉의 번역자들은 "할릴라"(חָלִילָה)를 영어로 번역할 때, "God forbid."라는 표현을 절대화하여 항상 "God forbid."라고 번역한 것도 아니다. 문장의 전체 흐름에 따라서 다르게 번역하기도 하였다. 그 예를 몇 가지 제시하겠다.

1) 사무엘하 20:20

『요압이 대답하여 말하기를 "그것이 아니니라. 내가 삼키거나 멸하려는 것이 아니니라.』

And Joab answered and said, Far be it, far be it from me, that I should swallow up or destroy.

וַיַּעַן יוֹאָב וַיֹּאמַר חָלִילָה
חָלִילָה לִי אִם־אֲבַלַּע וְאִם־אַשְׁחִית׃

2) 사무엘상 20장의 경우 동일한 할릴라(חָלִילָה)가 사용되었음에도 불구하고, 2절에서는 God forbid로 9절에서는 Far it be로 다르게 번역하였다.

(1) 사무엘상 20:2

『요나단이 그에게 말하기를 "결코 그럴 수 없나니, 네가 죽지 아니하리라.』

And he said unto him, God forbid; thou shalt not die:

וַיֹּאמֶר לוֹ חָלִילָה לֹא תָמוּת

(2) 사무엘상 20:9

『요나단이 말하기를 "네게 결코 그럴 리가 없느니라. 내 아버지가 네게 악을 행하려고 결심한 것을 내가 확실히 안다면 내가 그것을 네게 말하지 아니하겠느냐?" 하더라.』

And Jonathan said, Far be it from thee: for if I knew certainly that evil were determined by my father to come upon thee, then would not I tell it thee?

וַיֹּאמֶר יְהוֹנָתָן חָלִילָה לָּךְ
כִּי אִם־יָדֹעַ אֵדַע כִּי־כָלְתָה הָרָעָה
מֵעִם אָבִי לָבוֹא עָלֶיךָ וְלֹא אֹתָהּ אַגִּיד לָךְ׃

이 예들에서 보는 바와 같이 〈킹제임스성경〉의 번역자들은 "할릴라"(חָלִילָה)와 "메 게노이토"(Μὴ γένοιτο)를 영어로 번역할 때, "하나님"(God)이라는 단어를 사용한 표현인 "God forbid."를 선택하였으며, 이 표현에만 국한하지 않고, 필요에 따라서는 다른 표현도 사용하였다. 번역을 위해 적합한 단어와 표현을 선정할 때, God이라는 특정한 단어에 제한을 받지 않았고, 그것에 "첨가"나 "삭제"와 같은 개념을 대입시키지 않았음을 알 수 있다.

4. "Would (to) God"(~라면 좋을 텐데)에서 God을 하나님으로 번역하지 않은 것이 〈삭제〉라는 주장

영어를 배운 사람들은 가정법의 특수한 형태로 "~라면 좋을 텐데."에 해당하는 몇몇 관용적 표현이 있다는 사실을 알 것이다. 이런 표현들 중의 하나가 바로 "Would (to) God"이다. 그런데 표준역 번역자는 "Would (to) God"을 번역할 때, 이 표현에 "God"이라는 단어가 있으므로 반드시 "하나님"이라는 단어를 넣어 번역해야 한다고 주장한다. 그리고 그렇게 번역하지 않으면 신성한 "하나님"이라는 단어를 번역하지 않았으니 "삭제"라고 주장하는 것이다. 이렇게 쉬운 영어의 관용적 표현을 가지고도 이런 엉뚱한 주장을 하는 것이 오히려 성경을 사랑하는 많은 사람들을 모독하는 것으로 생각된다.

"Would (to) God"은 〈킹제임스성경〉의 번역자들이 히브리어 "미 이텐"(מִי יִתֵּן)과 루(לוּ), 헬라어의 "오펠론"(ὄφελον)을 번역한 것이다. 모두 "~라면 좋을 텐데."라는 뜻이다. 〈킹제임스성경〉의 번역자들은 이 단어들에 어떤 특별한 가치를 두고 "God"이 포함된 "Would (to) God"으로 번역한 것이 아니다. 왜냐하면 이 단어들은 "Would (to) God,"뿐만 아니라, "~라면 좋을 텐데."라는 뜻을 가지고 있는 "Who can bring," "would I," "O that" 등으로 다양하게 번역되었기 때문이다. 그 예들을 몇 가지 제시하겠다.

1) 〈킹제임스성경〉 번역자들이 히브리어 "미 이텐"(מִי יִתֵּן)과 루(לוּ)을 Would (to) God으로 번역하지 않은 예

(1) 욥기 14:4

『누가 더러운 것 가운데서 깨끗한 것을 가져올 수 있나이까? 아무도 없나이다.』

Who can bring a clean *thing* out of an unclean? not one.

מִֽי־יִתֵּ֣ן טָ֭הוֹר מִטָּמֵ֗א לֹ֣א אֶחָֽד׃

(2) 시편 55:7

『보라, 그러면 내가 멀리 달아나 광야에서 거하리라. 셀라.』

Lo, *then* would I wander far off, *and* remain in the wilderness. Selah.

וָאֹמַ֗ר מִֽי־יִתֶּן־לִּ֣י אֵ֭בֶר כַּיּוֹנָ֗ה אָע֥וּפָה וְאֶשְׁכֹּֽנָה׃

2) 〈킹제임스성경〉 번역자들이 히브리어 루(לוּ)를 Would (to) God으로 번역하지 않은 예

(1) 창세기 17:18

『아브라함이 하나님께 말씀드리기를 "이스마엘이나 주 앞에서 살게 해주소서!" 하더라.』

And Abraham said unto God, O that Ishmael might live before thee!

וַיֹּ֥אמֶר אַבְרָהָ֖ם אֶל־הָאֱלֹהִ֑ים
ל֥וּ יִשְׁמָעֵ֖אל יִחְיֶ֥ה לְפָנֶֽיךָ׃

(2) 욥기 6:2

『"오, 내 슬픔을 전부 달아보고 내 재앙을 다 저울에 놓아 보았으면!』

O that my grief were throughly weighed, and my calamity laid in the balances together!

ל֗וּ שָׁק֣וֹל יִשָּׁקֵ֣ל כַּעְשִׂ֑י וְ֝הַיָּתִ֗י בְּמֹאזְנַ֥יִם יִשְׂאוּ־יָֽחַד׃

2) 〈킹제임스성경〉 번역자들이 헬라어 "오펠론"(ὄφελον)을 Would (to) God 으로 번역하지 않은 예

(1) 갈라디아서 5:12

『나는 너희를 혼란케 하는 자들이 심지어 베어져 버리기를 원하노라.』

I would they were even cut off which trouble you.

ὄφελον καὶ ἀποκόψονται οἱ ἀναστατοῦντες ὑμᾶς

(2) 요한계시록 3:15

『내가 네 행위를 아노니 네가 차지도 아니하고 덥지도 아니하도다. 나는 네가 차든지 덥든지 하기를 원하노라.』

I know thy works, that thou art neither cold nor hot: I would thou wert cold or hot.

Οἶδά σου τὰ ἔργα ὅτι οὔτε ψυχρὸς εἶ οὔτε ζεστός ὄφελον ψυχρὸς εἴης ἢ ζεστός

5. "God save the king"에서 God과 save를 번역하지 않은 것이 〈삭제〉라는 주장

표준역 번역자는 "God save the king"이라는 문장을 번역할 때에도 "God"이라는 단어를 빼고 번역해서는 안 되기 때문에 "하나님"이라는 말을 반드시 넣어서 번역해야 한다고 주장한다. 이런 이유로 그는 이 문장은 "하나님께서 왕을 구원하시기를 바라나이다."라고 번역했다. 또한 이런 이유로 〈한글킹제임스성경〉에서 "왕 만세!"로 번역한 것은 잘못된 번역이라고 주장한다. 특히 "God"을 하나님으로 번역하지 않은 것은 "삭제"에 해당하는 변개이며, "save"

도 "구원하다"라는 의미로 번역해야 한다고 주장한다. 일단 바로잡을 것은 여기에 쓰인 "save"는 "구원하다"의 의미로 사용된 것이 아니라, "지키다, 보호하다"의 의미로 사용되었다는 사실이다. 웬만한 사전에서 "save"를 찾아보면, 두 번째나 세 번째 순서에 "지키다, 보호하다"라는 뜻이 제시되고 "God save the king"이라는 예문이 나오며, 그 번역에 "왕 만세."라는 해석이 달려 있는 것을 볼 수 있다.

"God save the king"은 〈킹제임스성경〉의 번역자들이 히브리어 성경의 "예히 하말레크"(יְחִי הַמֶּלֶךְ)를 번역한 것이다. "예히 하말레크"는 "왕께서 사시리라." 또는 "왕이여, 사소서!"라는 의미이다. 이 문장에는 "하나님"이라는 의미가 포함되어 있지 않지만, 〈킹제임스성경〉의 번역자들은 영국인들이 실제로 왕에게 사용하는 말인 "God save the king"으로 번역하는 것이 바른 번역이라고 판단한 것이다. 그러므로 우리말 성경에도 우리나라 사람들이 실제로 사용해 온 "왕 만세!"로 번역하는 것이 가장 자연스러운 번역이다. "예히 하말레크"(יְחִי הַמֶּלֶךְ)가 사용된 구절 중 사무엘하 16:16을 제시하면 다음과 같다.

『그때 다윗의 친구 아렉인 후새가 압살롬에게 나와 압살롬에게 말하기를 "왕 만세, 왕 만세." 하니』

And it came to pass, when Hushai the Archite, David's friend, was come unto Absalom, that Hushai said unto Absalom, God save the king, God save the king.

וַיְהִ֗י כַּאֲשֶׁר־בָּ֞א חוּשַׁ֧י הָאַרְכִּ֛י רֵעֶ֥ה דָוִ֖ד אֶל־אַבְשָׁל֑וֹם

וַיֹּ֤אמֶר חוּשַׁי֙ אֶל־אַבְשָׁלֹ֔ם יְחִ֥י הַמֶּ֖לֶךְ יְחִ֥י הַמֶּֽלֶךְ׃

NOTES

NOTES

제7과
킹제임스흠정역의 문제들

『너희는 “**주**의 엄중한 말씀이라.”고 다시는 말하지 말라. 각 사람의 말이 자신의 무거운 짐이 되리니 이는 너희가 살아 계신 하나님, 만군의 **주** 우리 하나님의 말씀들을 변질시켰음이라』 (렘 23:36).

흠정역 번역자 정동수는 어떤 사람인가?

정동수는 침례교, 장로교, 감리교 등 교단/교파 차이로 인한 교리적 해석의 차이나 실행의 차이는 서로 인정하고 복음 안에서 각자 믿음대로 행하면서 공존해 나가면 될 것으로 판단하는 가짜 목사이다. 이런 사람이 〈킹제임스성경〉을 우리말로 번역하겠다고 뛰어들어 만들어 낸 것이 바로 "흠정역"이다. 하지만 그는 성경 번역자로 부르심을 받았다는 증거가 없다. 귀국하여 교수로 재임하기 시작한 "1992년"부터 성경 번역 작업을 시작했고, 그로부터 8년 후인 2000년에 "킹제임스 흠정역"을 출간했다. 그런데 그는 "1999년"부터 미국 펜사콜라크리스천대학교 신학대학원을 다녀서 "2001년"에 신학석사를 받았고, 같은 해에 목사 안수도 받았다고 한다. 그의 말에 따르면 흠정역을 번역하는 데 총 8년의 시간이 걸렸다. 그렇다면 "1999년"에 미국 신학대학원에 진학하기 전까지, 즉 "1992년"부터 "1998년"까지 무려 "7년" 동안을 정식으로 신학도 공부하지 않은 채 성경 번역에 손대었던 것이다. 총 8년 중에 7년을 세상 대학교수로 재직하면서 번역 작업을 했다는 것인데, 하나님께서 아무리 들어 쓰실 사람이 없다고 해서 한 나라의 성경을 번역하는 일에 성경을 제대로 공부하지도 않고 배교한 교회들을 인정하는 세상 대학교수를 들어 쓰셨겠는가? 신학으로 학사, 석사, 박사 학위를 받은 〈한글킹제임스성경〉의 번역자 이송오 박사는 성경 번역 준비 과정에서 출간까지 총 13년이 걸렸다.

가짜 목사 정동수는 〈한글킹제임스성경〉을 흉내 내어 "킹제임스흠정역"이라는 짝퉁을 만들어 냈다. 이 얼마나 마귀적인 일인가! 심지어 재판관기(Judges)를 개역성경과 같이 "사사기"라 하고, 솔로몬의 노래(The Song of Solomon)를 "아가서"라고 번역했다. 이것이 "개역성경은 좋은 성경, 킹제임스성경은 더 좋은 성경"이라고 하는 자의 번역 솜씨이다. 이런 비양심적인 인간이 성경을 번역한다는 것이 말이나 되는 것인가?

정동수는 미국 영주권 소지자이기에 1년에 적어도 한 번 이상은 미국에 가야 하는데, 이 기회를 이용해서 미국의 한인 교회 목사들을 꼬드겨서 마치 구걸하듯 성경을 팔러 다녔다는 말이 있다. A4 용지에다 광고문을 만들어 그런 추한 행동을 하고 다닌 것인데, 이를 보면 그가 성경을 팔아 돈을 벌려는 자이지 하나님의 말씀을 진지하게 보급하려는 자가 아님을 알 수 있다.

정동수는 하나님의 사역을 흉내 내어 교회도 운영하고 있지만, 그나 그의 교인들이나 구령을 하지 않는다. 거리설교는 꿈도 못 꾼다. 그러나 〈한글킹제임스성경〉을 믿음과 실행의 최종권위로 사용하는 성경침례교회는 거리설교와 구령으로 매달 1,500명 이상의 혼들을 주님께로 이겨오고 있다. 정동수의 교회는 교회가 아니라 짝퉁인 것이다. "성경도 짝퉁, 교회도 짝퉁," 이것이 정동수 신앙의 실체이다.

정동수는 세상 교수나 정치인, 유명인들을 초대하여 자기 교회 강단을 내어주는 일에 재미를 느끼며 세상에서 자기 명예를 높이는 일에 열을 올려 왔다. 미국의 "배교한" 근본주의 독립침례교회를 벤치마킹해서 교회를 한다는 그는, 한국 교회에게 "이단"으로 낙인찍힐까 봐 전전긍긍하기도 한다. 예장백석 교단이 「귀하에 대한 이단성 보고서를 채택하지 않았으므로 이단으로 결정한 바가 없습니다.」라는 공문을 보내자, 「공정하고도 선한 결정을 내려 주신 백석 교단에 다시 한 번 감사를 드립니다.」라는 입장문을 발표했다. 신약교회사의 가장 큰 이단인 "칼빈주의 5대 강령"을 추종하는 교단이 "이단으로 결정한 바가 없다"고 말하자 머리를 조아리면서 감사를 표한 것이다. 이런 정동수가 하는 일이라곤 〈한글킹제임스성경〉을 폄하해서 거기서 나오는 반사이익으로 흠정역을 팔아 돈을 챙기는 것뿐이다. 그는 개역성경도 성경으로 인정한다. 이런 자의 번역본이 제대로 된 성경이겠는가? 한국 교회에 빌붙어서 먹고사는 정동수에게 어울리는 말은 이것이다. 즉 "가재는 게 편"인 것이다.

땅을 "다시 채우라!" (창 1:28)

<한글킹제임스성경>	<킹제임스흠정역>
하나님께서 그들에게 복을 주시고 하나님께서 그들에게 말씀하시기를 "다산하고 번성하며 땅을 다시 채우고[replenish] 그것을 정복하라. 그리고 바다의 고기와 공중의 새와 땅 위에서 움직이는 모든 생물을 다스리라." 하시니라.	하나님께서 그들에게 복을 주시고 하나님께서 그들에게 이르시되, 다산하고 번성하여 땅을 채우라. 땅을 정복하라. 또 바다의 물고기와 공중의 날짐승과 땅 위에서 움직이는 모든 생물을 지배하라, 하시니라.

창세기 1:28은 창세기 1:2과 연결되는 구절이다. 우리는 창세기 1:2에서 이전에 있던 세상이 "심판을 받고 땅이 비워진 상태"라는 점을 주목해야 한다. 창세기 1:2에서 심판을 받았고 다시 창조된 것이다. 이전에는 하나님의 아들들이라고 불리는 천사들에 의해서 하늘과 땅이 채워졌었지만 그들이 심판을 받았기 때문에, 이제는, 즉 재창조의 때에는 『**하나님의 아들**』이라 불리는 아담(눅 3:38)이 재창조된 땅을 채워야 했다. 이것이 아담을 향하신 하나님의 재창조의 목적이었다. 그래서 아담에게 "채우라"는 명령을 하셨을 때 "다시"라는 표현을 쓰신 것이다. 처음 창조와 재창조의 관점에서 창세기 1:28에 접근해야 한다.

하나님께서는 인간을 만드신 후 그에게 왕으로서 다스릴 수 있는 통치권을 주셨다. 이것이 『**다스리라**[have dominion]』는 말씀의 의미이다. 창세기 1:28의 "다산하고 번성하며 땅을 다시 채우고"라는 말은 이전에 채웠던 것이 심판으로 비워져 있기에 다시 채우라는 의미이다.

학자들은 히브리어 표현이 같지만 다르게 번역된 창세기 1:22과 1:28을 문제 삼는다. 킹제임스성경이 같은 단어를 다르게 번역했음을 흠잡기 위해서이다. 그러나 두 구절은 대상이 다른 문맥이다.

창세기 1:22	다산하고 번성하며 바다의 물들에 충만하라. Be fruitful, and multiply, and fill the waters in the seas
창세기 1:28	다산하고 번성하며 땅을 다시 채우고 Be fruitful, and multiply, and replenish the earth

창세기 1:22의 『**충만하라**』(fill)와 1:28의 『**다시 채우고**』(replenish) 모두 히브리어 "말레"에서 번역된 단어들이다. 창세기 1:22의 "그들"은 동물들이며, 동물들은 이전의 창조와 아무런 영적 연계점이 없기에 그냥 『**충만하라**』고 명령하셨다. 반면 창세기 1:28의 아담은 이전 세상의 『**하나님의 아들들**』(욥 38:7)의 자리를 대신 채워야 했기에 아담에게는 『**다시 채우라**』고 명령하신 것이다. 이것은 창세기 9:1에서 노아의 홍수 이후 노아의 가족들에게 『**다시 채우라**[replenish]』라고 명령하신 것과 동일한 맥락이다. 홍수 이전 세상이 멸망했기에 심판으로 비워진 땅을 다시 채우라고 명령하신 것이다.

또한 재창조가 성경적인 교리가 아니라면 창세기 3장에서, 에덴동산으로 들어 온 사탄에 대해서 문제가 생긴다. 인간은 여섯째 날 창조된 후 얼마 안 되어 마귀의 시험을 받았는데, 그렇다면 마귀는 언제 타락해서 에덴에 등장한 것일까? 창세기 1:3부터 시작되는 그 창조에서 만들어졌다면 그는 언제 타락했는가? 사탄은 분명히 그 이전에 타락한 것임에 틀림이 없다. 또한 천사들과 스랍들과 그룹들 같은 영적 존재들은 언제 창조되었는가? 셋째 하늘에서 온 『**불말들**』(왕하 2:11)은 또 어떠한가? 창세기 1-3장은 그들의 창조에 대해 왜 말이 없는 것일까? 이러한 모든 정황이 재창조의 교리를 확증해 주는데도 흠정역은 창세기 1:28과 9:1을 단순히 "채우라"로 번역함으로써 성경의 진리를 완전히 가려 버린 것이다.

아세라인가, 작은 숲인가? (출 34:13)

<한글킹제임스성경>	<킹제임스흠정역>
너희는 그들의 제단들을 허물고 그들의 형상들을 부수며 아세라들을 베어 낼지니라.	오히려 너희는 그들의 제단들을 멸하고 그들의 형상들을 깨뜨리며 그들의 작은 숲들을 베어 낼지니라.

성경에서 grove는 구약성경의 41개의 구절들에서 41번 언급된다(창 21:33, 출 34:13, 신 7:5; 12:3; 16:21, 판 3:7; 6:25,26,28,30, 왕상 14:15,23; 15:13; 16:33; 18:19, 왕하 13:6; 17:10,16; 18:4; 왕하 21:3,7; 23:4,6,7,14,15 등). 흠정역은 그 41개의 구절 모두에서 grove를 "작은 숲"으로 오역했다.

1. "아세라"는 우상의 형상이나 기둥, 또는 여신의 이름이 아니다.

1) 〈한글킹제임스성경〉의 "아세라"에 해당하는 영어 〈킹제임스성경〉의 단어는 "grove"이며, 히브리어 마소라 원문은 "아세라"이다. 반면 변개된 〈개역성경〉과 NIV를 비롯한 변개된 영어 성경들은 "아세라 목상(木像)," "아세라 상(像)," 그리고 "Asherah pole"(아세라 기둥)이라고 번역하였는데, 이것은 히브리어 "아세라"를 신으로 숭배받던 각종 자연물과 동물의 형상(形象, image)이나 기둥(pole), 혹은 여신을 새긴 상이나 기둥과 같은 것으로 오해했기 때문에 오역한 것이다.

2) 변개된 성경들이 오해한 것과 다르게 성경은 다음과 같이 "우상의 형상들이나 기둥"과 "아세라"를 분명하게 구분하고 있다. 『**형상들**[images]**을 부수며 아세라들**[groves]**을 베어 낼지니라**』(출 34:13). 『**세워 놓은 기둥들**[pillars]**을 깨**

뜨리며 그들의 아세라들[groves]을 불사를 것이며』(신 12:3). 『**너는 네가 만든 주 너의 하나님의 제단 곁에 어떤 나무로도 아세라[grove]를 심지 말며 너는 네게 어떤 형상[image]도 세우지 말지니 그것은 주 너의 하나님께서 미워하시는 것이니라**』(신 16:21,22). 『**아세라들[groves]과 새긴 형상들[images]과 부어 만든 형상들[images]을 산산이 부수어 가루로 만들고**』(대하 34:4). 이 구절들 외에도 구약성경에서 총 40회 "아세라"에 대해 언급하는 모든 구절들에서 형상이나 기둥을 아세라와 다른 것으로 구분하고 있다(사 27:9) - 『**아세라들과 형상들이 다시는 서지 못하는 것이라**[the groves and images shall not stand up]』.

3) "아세라"는 "우상 숭배를 위해 우상이나 형상 및 제단 곁에 심은 일단의 살아 있는 나무들"을 지칭하는 말이다.

① 아세라는 "살아 있는" 나무(tree)이지 형상이나 기둥을 만드는 죽은 나무(wood)가 아니다(신 16:21) - 『**너는 네가 만든 주 너의 하나님의 제단 곁에 어떤 나무로도 아세라를 심지 말며**[Thou shalt not plant thee a grove of any trees]』. 이 말씀은 살아 있는 나무(tree)를 심지(plant) 말라는 뜻이다. 아세라는 형상이 아니라 살아 있는 나무를 지칭한다는 것이 성경에 분명히 제시된다(신 7:5; 16:21, 왕하 23:14, 대하 31:1; 33:19; 34:3).

② 아세라는 자연적인 것이 아니라 살아 있는 나무들을 심어서 "인위적으로 만든" 것이다. 성경은 이렇게 말씀한다. 『**이는 그들이 <u>아세라들을 만들어</u> 주를 진노케 하였음이라**』(왕상 14:15). 『**또 아합이 아세라를 만들었더라**』(왕상 16:33). 『**한 아세라를 만들었으며**』(왕하 17:16).

③ 아세라는 "우상이나 형상 및 제단 곁에" 있는데, 그 모양은 우상이나 제단이 가운데 있고 그것을 나무들이 둘러싸고 있는 형태이다. 『**바알의 제단을 헐고 <u>그 곁에 있는 아세라</u>를 베어 내고**』(판 6:25). 『**이는 그가 바알의 제단을 허물었고, <u>그 곁에 있는 아세라</u>를 베어 내었기 때문이라**』(판 6:30).

④ 아세라는 "우상 숭배를 위해 우상 곁에 심은 일단의 살아 있는 나무들"을 지칭하지만, 아세라 자체도 우상과 같이 숭배되었다. 성경은 이렇게 말씀한다. **『이스라엘 자손이 주의 목전에 악을 행하였고 주 그들의 하나님을 잊어버리고 바알들과 아세라들을 섬겼더라』**(판 3:7). **『이에 그들이 그들의 조상의 주 하나님의 전을 떠나 아세라들과 우상들을 섬겼으니 그들의 이 죄로 인하여 유다와 예루살렘에 진노가 임하였더라』**(대하 24:18). 또한 성경은 아세라를 위한 장식이 있었음을 말씀하고 있다. **『또 그가 주의 전 곁에 있던 남자 동성 연애자들의 집을 헐었으니, 그곳은 여인들이 아세라를 위하여 벽걸이 천을 짜는 곳이었더라』**(왕하 23:7).

노아가 창세기 8:20에서 "높은 곳"에서 제단을 쌓은 첫 번째 사람이었던 것처럼 아브라함은 에셀을 심은 첫 번째 사람이었다(창 21:33) - **『아브라함은 브엘세바에서 에셀을 심고 거기서 영원하신 하나님, 주의 이름을 불렀더라.』** 여기서 **『에셀』**(אֵשֶׁל eshel, grove)은 아세라의 다른 표현으로 역시 "심겨진 살아 있는 나무"를 말한다. "에셀"이라는 표현은 한 번만 나온다. 히브리어 에셀은 성경에서 3회 나오는데, 창세기 21:33에서만 아세라와 연관된 의미로 쓰였고["grove"("에셀"로 음역)], 나머지 두 번(삼상 22:6; 31:13)은 일반적인 나무(tree)의 의미로 쓰였다. 위와 같은 행위들은 노아와 아브라함의 때에는 합당한 것이었으나 "땅에 있는 모든 악한 것은 좋은 것들을 왜곡한 것이다."(밥 존스 1세)라는 말처럼 좋은 의도로 나무를 심은 것이 왜곡되어 우상을 숭배하는 방법으로 쓰였던 것이다. 이스라엘이 배교한 때에도 마찬가지였다. 전 세계적으로 행해지는 기념식수(紀念植樹, memorial tree)의 기원 역시 창세기 21:33에서 찾을 수 있다.

2. 아세라(grove)는 "작은 숲"이 아니다.

1) 영어에서 숲에 대한 일반적인 표현은 "forest"나 "the wood(s)"인데, 이것은 자연 그대로의 큰 규모의 숲을 말하며 우리말로는 "숲"(숲은 수풀의 준말이다.)이나 "산림"(山林) 혹은 "삼림"(森林)이 적합한 표현이다. 실제로 "grove"의 첫 번째 뜻은 정원이나 마당에 심겨진 일단의 나무들을 지칭하는 정도의 "작은"이 아니라, 적어도 한 언덕이나 산을 덮고 있는 정도의 나무들이 군집된 숲을 지칭하는 것이다.

2) "grove"의 뜻은 〈옥스퍼드 영어 사전〉에서 크게 두 가지로 제시된다. "첫째, A small wood; a group of trees affording shade or forming avenues or walks, occurring naturally or planted for a special purpose. (작은 숲; 자연적으로 생성되거나 특별 목적으로 심겨져서 그늘을 제공하거나 가로수 길이나 산책로로 형성된 숲.)" "둘째, Groves were commonly planted by heathen peoples in honour of deities to serve as places of worship or for the reception of images. (groves는 신들에게 경의를 표하고자 혹은 우상들을 접대하고자 경배의 장소로 사용할 목적으로 대부분 이교도들에 의해 심겨졌다.)" 따라서 성경의 grove는 두 번째 뜻인데, 번역을 첫 번째 뜻인 숲으로 하면 오역이 된다.

3) "작은 숲"이 틀린 번역이라는 사실에 관해서 성경이 아세라(grove)를 무엇

이라고 말씀하는지 주의 깊게 살펴보면서 확인할 수 있다.

① 아세라 "안에" 있는 우상 : 『**또한 그가 그의 어머니 마아카까지도 태후의 자리에서 제거하였으니 이는 그녀가 아세라 안에 우상을 만들었기 때문이라** [because she had made an idol in a grove]. **아사가 그녀의 우상을 부수어 키드론 시냇가에서 불살랐으나**』(왕상 15:13).

② 푸른 나무 "아래에" 있는 아세라 : 아세라가 어디에 만들어졌는지에 관해서 성경 말씀을 주의 깊게 살펴보면, 아세라가 작은 숲이 아님을 알 수 있다. 『**그들이 모든 높은 산 위와 모든 푸른 나무 아래에**[under every green tree] **그들을 위하여 산당들과 형상들과 아세라들을 세웠으며**』(왕상 14:23). 『**그들이 모든 높은 산과 모든 푸른 나무 아래에**[under every green tree] **형상들과 아세라들을 세웠으며**』(왕하 17:10). 성경은 아세라가 모든 높은 산과 모든 푸른 나무 "아래에," 즉 숲속에 세워졌다고 말씀한다. 따라서 아세라(grove)는 산의 푸른 나무들 속에서도 주변의 자연적인 푸른 나무들과 구분되는 범위에서 인위적으로 심겨진 일단의 나무들을 뜻하는 것이다. 그래서 "숲"이라고 말할 수 없다.

③ 주의 전에 있는 아세라 : 아세라가 작은 숲이라고 번역될 수 없는 것은 그것이 산 위나 푸른 나무 아래만이 아니라 건축 구조물 안에도 만들어졌기 때문이다. 요시야가 우상 숭배를 척결하면서 『**주의 전에서 바알과 아세라와 하늘의 모든 군상들을 위하여 만든 모든 기명들을 끌어내게 하여, 예루살렘 밖 키드론 들에서 그것들을 불사르고 그 재를 벧엘로 옮겼**』는데(왕하 23:4), 주의 전에는 아세라를 위한 기명들이 있었을 뿐만 아니라, 아세라도 있었다. 성경은 열왕기하 23:4과 같은 문맥에서 이렇게 말씀한다. 『**또 그가 주의 전으로부터 그 아세라를 예루살렘 바깥 키드론 시내로 가지고 나가 키드론 시내에서 불사르고, 잘게 빻아 가루로 만들어 그 가루를 백성의 자녀들의 무덤들 위에 뿌렸더라**』(왕하 23:6). 분명히 주의 전은 작은 숲을 조성할 수 있는 규모가 아니며, 또 작은 숲을 일단의 나무들을 가져가는 것처럼 내어갈 수도 없다. 그런데 흠정역은 "또 주의

집에서 작은 숲을 내어다가"라고 이치에 맞지 않게 오역했다. 성경에서 말씀하는 바와 같이 주의 전 안에 작은 숲이 조성된 것이 아니다. 단지 우상 숭배를 위해 일단의 나무들이 심겨진 것뿐이며, 그 나무들을 가지고 나가 불사르고 잘게 빻아 뿌렸던 것이다.

4) 한편 "아세라"(grove)는 모든 경우에 우상 숭배를 위해 심겨진 일단의 나무들을 지칭하지만, 이 "아세라의 나무를 가지고 만든 하나의 우상"을 지칭하는 예외적인 경우가 있다. 이것에 관해서는 열왕기하 21:7에 언급되어 있다. 『**또 그는 그가 만든 아세라의 새긴 상을 전 안에 세웠으니**[he set a graven image of the grove that he had made in the house] **이 전은 주께서 다윗과 그의 아들 솔로몬에게 말씀하시기를 "내가 이스라엘 모든 지파에서 택한 이 집과 예루살렘에 내 이름을 영원히 두리라.**』 역대기하 33:7이 이 사실을 설명하고 있다. 『**또 그는 그가 만든 우상, 즉 새긴 형상을 하나님의 전에 세웠으니 이는 하나님께서 다윗과 그의 아들 솔로몬에게 말씀하시기를 "내가 이스라엘 온 지파 앞에서 택한 이 전과 예루살렘에 내 이름을 영원히 두리라.**』 그런데 흠정역은 아세라를 "작은 숲"으로 오역했기 때문에 열왕기하 21:7에서도 "또 자기가 만든 작은 숲의 형상을 새겨서 집에 세웠더니"라고 번역함으로써 하나님의 말씀을 변개시킨 것이다.

5) 로마카톨릭의 마리아 상 곁에 심겨져 조성된 나무들, 그리고 성당 안의 단상을 장식하는 푸른 나무들이 아세라이다. 또한 개신교회의 강단을 장식한 푸른 나무들도 아세라이다.

지금까지 살펴본 바와 같이 히브리어 성경의 "아세라"(혹은 에셀)에 대한 영어 〈킹제임스성경〉의 "grove"는 정확한 하나님의 말씀이며, 우리말로는 "작은 숲"이 될 수 없다. 적합한 대응어가 없기 때문에 〈한글킹제임스성경〉과 같이 히브리어를 그대로 음역하고[에셀 - 1회 / 아세라(들) - 40회] 그 의미를 설명하는 방식이 정확한 것이다. 바른 번역이 아니면 의미를 왜곡하게 되며, 그 실체가 무엇인지 분별할 수 없게 만든다. 이런 이유로 번역에는 음역이 있는 것이며, 그에 대한 주석이나 주해가 있는 것이다.

"성경"인가, "성경 기록"인가? (딤후 3:16)

<한글킹제임스성경>	<킹제임스흠정역>
모든 성경은 하나님의 영감으로 주어진 것으로 교리와 책망과 바로잡음과 의로 훈육하기에 유익하니	모든 성경 기록은 하나님의 영감으로 주신 것으로 교리와 책망과 바로잡음과 의로 교육하기에 유익하니

1. Scripture의 유래

현재 "성경"이라고 번역된 헬라어 "그람마"(γράμμα)와 "그라페"(γραφή)는 공통적으로 "글"이라는 뜻이다. 그람마에는 "책"이란 뜻도 있다. 헬라인들이 사용했던 그 두 단어는 "글로 기록된 책"을 뜻했지 원래 "성경"이라는 의미는 없었다. 예수님과 관련하여 사도들은 그 "글로 기록된 책"이라는 뜻의 단어에 우리가 현재 쓰고 있는 "성경"이라는 의미를 추가해서 사용했다. 그래서 성경은 "글로 기록된 책"이라는 뉘앙스를 갖게 되었다.

그람마와 그라페가 영어 킹제임스성경에는 "scripture"라고 번역되어 있는데, 이 "scripture"라는 말은 어디서 유래한 것일까? 라틴어 scriptura에서 유래한 단어다. scriptura는 "글(a writing), 글로 기록된 것(something written), 작문(a composition, act of writing)"이라는 뜻을 가지고 있는데, 이 말이 기독교적 영향 하에서는 "글로 기록된 하나님의 말씀"이라는 뜻으로 사용된다. 종교 개혁의 구호 가운데에 "Sola Scriptura"가 있었는데, 우리말로 번역하면 "오직 성경으로"이다. scriptura의 형용사가 "scripturalis"인데 이 말은 단순히 "성경의"란 의미로 쓰인다. 이런 용례들을 지닌 scriptura가 영어권으로 유입되면서 scripture가 되었다. 영어는 다양한 언어가 혼합된 언어이다. 이 scripture 역시 성경을 번역할 때 사용되었는데, 이는 "글로 기록된 책"을 뜻하는 헬라어 그람마와 그라페에 해당하는 영어 단어가 바로 scripture이기 때문이다. 참고로, "Sola Scriptura"라는 종교개혁 구호를 영어로 옮기면 "Scripture Alone"이다. 우리말로는 "오직 성경으로"라고 한다.

2. 하나님께서는 scripture를 "기록"이 아닌 "책"(book)이라고 부르신다.

예수님과 사도들은 scripture라는 단어를 "구약의 말씀들"을 가리킬 때 사용했다. 예수님께서는 마가복음 12:10에서 구약의 시편 118편을 인용하시면서 『**너희는 이 성경**[this scripture]**을 읽어 보지 못하였느냐? 곧 '건축자들이 버린 돌이 모퉁이의 머릿돌이 되었도다.**』라고 하셨다.

사도 바울은 로마서 4:3에서 창세기를 인용하면서 『**성경**[the scripture]**이 무엇이라고 말하고 있느냐? 아브라함이 하나님을 믿었더니 그것이 그에게 의로 여겨졌느니라.**』라고 했다.

사도 베드로는 베드로후서 3:16에서 바울 서신과 동일한 권위를 갖는 구약의 말씀들을 지칭하면서 『**그의 모든 편지에서도 이런 것에 관하여 말하고 있으나 그 가운데는 깨닫기 어려운 것이 더러 있어 무식한 자들과 견고하지 못한 자들이 다른 성경들**[other scriptures]**처럼 억지로 풀다가 스스로 멸망에 이르느니라.**』라고 했다.

이렇듯 39권의 구약성경을 신약성경에서 scripture라고 부르는데, 하나님께서는 그 구약의 scripture, 곧 "글로 기록된 책"을 동일하게 book, 곧 "책"이라고 부르신다. 몇 가지 예를 들어 보면 다음과 같다.

1) **창세기 5:1 『이것이 아담의 세대들에 관한 책이라**[This is the book of the generations of Adam].』 - 하나님께서는 아담의 세대들을 기록한 창세기 5장 한 장도 "책"이라고 하신다.

2) **신명기 29:21 『주께서 이 율법책**[this book of the law]**에 기록된 언약의 모든 저주에 따라 이스라엘의 모든 지파에게서 그를 악으로 구별하시리니』**

3) **에스라 6:18 『그들이 예루살렘에 있는 하나님을 섬기는 일에 제사장들을 그들의 계열대로 레위인들을 그들의 서열대로 세웠으니 모세의 책**[the book of Moses]**에 기록된 대로 하였더라.』** - 모세가 기록한 다섯 권의 경전들이 "모세의 책[the book of Moses]"이라고 단수로 표현된다.

4) **다니엘 9:2 『곧 그의 치리 첫째 해에 나 다니엘은 주의 말씀이 선지자 예레미야에게 임하여 알려 주신 연수를 책들**[books]**로 깨달았나니, 즉 주가 예루살렘의 황폐함을 칠십 년 만에 완료하시리라는 것이라.』** - 예루살렘의 황폐함이 완료될 것이라는 점을 예언한 예레미야서와 이사야서 등을 "책들"이라고 부른다.

5) **다니엘 12:4 『그러나, 오 너 다니엘아, 마지막 때까지 그 말씀을 닫고 그 책**[the book]**을 봉하라. 그 때에는 많은 사람이 이리저리 달릴 것이요 지식이 증가하리라.』** - 다니엘서가 "책"이라고 표현된다.

6) **나훔 1:1 『니느웨에 대한 엄중한 말씀이라. 엘코스인 나훔의 환상의 책**[The book]**이라.』** - 나훔서가 "책"이라고 표현된다.

7) **누가복음 3:4 『이는 선지자 이사야의 말씀의 책**[the book of the words of Esaias]**에 기록된 바와 같으니라. 말씀하시기를 "광야에 외치는 자의 음성이 있어 '주의 길을 예비하고 그의 길들을 곧게 하라.』** - 선지자의 말씀이 기록되면

"책"이 된다.

8) **사도행전 7:42 『그래서 하나님께서는 돌아서서 그들로 하늘의 군상을 섬기도록 내버려 두셨으니 이는 선지자들의 책**[the book of the prophets]**에 기록된 바와 같으니 '오 너희 이스라엘 집아, 너희가 광야에서 사십 년 동안 짐승을 잡아서 내게 희생제물로 바친 일이 있느냐?』** - 스테판은 아모스 5:25-27을 인용하면서 "선지자들의 책[the book of the prophets]"이라는 표현을 썼다. 여러 권의 선지서들을 한 권의 "책"으로 본 것이다.

그렇다면 신약에서는 어떨까?

1) **마태복음 1:1 『다윗의 아들이요, 아브라함의 아들인 예수 그리스도의 세대에 관한 책**[The book of the generation of Jesus Christ]**이라.』** - 마태복음 1장을 창세기 5장처럼 "책"이라고 부른다.

2) **누가복음 4:17 『선지자 이사야의 책**[the book of the prophet Esaias]**을 드리니 그 책**[the book]**을 펴시고 이같이 기록된 부분을 찾으시더라.』** - 성경은 이사야서 한 권을 "책"이라고 말씀한다.

3) **요한계시록 1:11 『말씀하시기를 "나는 알파와 오메가요 처음과 마지막이라. 그러므로 네가 보는 것을 책**[a book]**에 써서 아시아에 있는 일곱 교회, 곧 에베소와 스머나와 퍼가모와 두아티라와 사데와 필라델피아와 라오디케아에 보내라." 하시더라.』** - 예수님께서는 요한계시록 2,3장, 곧 두 개의 장을 "책"이라고 말씀하신다.

요한계시록 22:7,9,10,18,19의 **『이 책의 예언의 말씀들**[the sayings of the prophecy of this book]**』**에서 보듯이 요한계시록은 그 책 자체를 가리켜서 "책"이라고 표현한다.

말하자면 신구약 전체를 통틀어서 한 장이든 두 장이든 다니엘서, 나훔서, 요한계시록처럼 한 권이든, 모세오경처럼 다섯 권이든, 전체 선지서들이든 간에 하나님께서는 "책"이라고 단수로 표현하신다. 하나님께서는 scripture를 이처럼 다양하게 "책"이라고 표현하신다. 하나님께서는 scripture를 "책"이라고 하시는데 흠정역은 "기록"이라고 한 것이다. scripture들이 모여서 한 권의 책인 Bible이 된다는 이상한 이론을 만들어서 scripture를 "기록"이라고 번역해 놓고, "기록"이라고만 하면 멋쩍으니까 〈한글킹제임스성경〉에서 성경이란 말을 가져다가 "성경 기록"이라고 해 놓았다. 흠정역은 성경이 "책들"이 모여서 된 "책"이라는 진리를 몰랐던 것이다.

3. 백보좌 심판 때 펼쳐질 "책들"

scripture가 "책"이라는 점을 알기 위해 한 가지 더 주목해야 할 말씀이 있다. 요한계시록 20:12인데, 큰 백보좌 심판 때 펼쳐질 "책들"에 관한 말씀이다.

『또 내가 죽은 자들을 보니, 작은 자나 큰 자나 하나님 앞에 서 있는데, 책들[the books]이 펴져 있으며 또 다른 책도 펴져 있는데 그것은 생명의 책이라. 죽은 자들은 자기들의 행위에 따라 그 책들에 기록된 대로 심판을 받더라』(계20:12).

큰 백보좌 심판 때에는 모든 죄인들이 불려나와 심판을 받는데 그 근거가 "책들"이다. 하나님께서 어떤 책들로 죄인들을 심판하시겠는가? "성경"이다. 신구약 66권으로 죄인들을 심판하여 불못에 던져 넣으실 것이다. 성경은 총 "66권"으로 되어 있기 때문에 본문에서 "책들"로 불린다.

그렇다면 "책들"이라는 표현이 왜 중요한 것인가? 그것은 "창세기부터 요한계시록까지" 성경의 각 권이 "책"이라는 점을 보여 주기 때문이다. 우리가 앞서 살펴보았던 scripture가 66권이 모여서 "책들"이라고 불린다. 말하자면 창세기는 scripture이고 또한 책이다. 그 다음 책인 출애굽기도 scripture이면서 또한 책이다. 레위기도 scripture이면서 또한 책이다. 이렇게 가다 보면 성경의 맨 마지막 책인 요한계시록도 scripture이면서 또한 책이다. 그러니까 scripture, 즉 "기록"이 모여서 Bible, 곧 "책"이 된다는 이론은 새빨간 거짓말이다.

자, 그렇다면 scripture를 우리말로 어떻게 번역해야 옳은 것인가? scripture는 "글로 기록된 책"이다. 우리말 "경전"(經典)은 "종교의 교리를 글로 기록한 책"이란 뜻이다. 경(經)의 기본 뜻이 "글"이다. 그래서 "글 경"이라고 한다. "경"이 "글"이라면 이것이 바로 scripture(글, writings)가 아니고 무엇인가! 따라서 성경의 scripture라는 단어는 우리말 "경전"으로 번역되어야 한다. 그런데 단순히 경전이라고만 하면 불교 같은 세상 종교들도 자기만의 경전이 있기 때문에 구별이 되지 않는다. 그래서 "거룩한 말씀을 글로 기록한 책"인 scripture는 성경(聖經, 거룩한 글)이라고 번역해야 올바른 번역이 된다.

성경은 "하나님의 거룩한 글"이란 뜻이다. 이렇게 아름다운 우리말이 있는데 왜 "성경기록"이라고 해야 하는가? "경"이라는 말에 "글"이란 뜻이 들어 있는데 왜 불필요한 "기록"이라는 말을 첨가했는가? 하나님의 거룩한 책에서 거룩하고 아름다운 한 단어 "성경"이라는 이름을 "성경 기록"이라고 바꿨는데, 누가 이런 짓을 하겠는가? "성경"은 양날이 있는 어떤 칼보다도 예리한 이름이다. 이 예리한 이름을 "성경 기록"이란 말로 무디게 하는 자가 누구인가? 누가 "하나님의 거룩한 글"인 "성경"을 싫어하는가? 마귀이다. 마귀는 성경을 증오한다. 그래서 성경 기록이라고 모호하게 변개시킴으로써 "성경"이라는 독립적인 단일 이름에서 나오는 막강한 능력을 없애 버린 것이다.

그런 가짜 킹제임스성경으로는 "Sola Scriptura, 오직 성경으로"라고 멋지게 말할 수 없다. "오직 성경 기록으로"... 이게 뭔가? 참으로 혀를 찰 한심한 노릇이 아닌가?

지금까지 다룬 내용을 도표로 정리하면 다음과 같다.

<table>
<tr><td>그람마(γράμμα), 그라페(γραφή) = 글</td><td rowspan="4">= 책(book)</td></tr>
<tr><td>scriptura = 글</td></tr>
<tr><td>scripture = 글</td></tr>
<tr><td>(성)경 = (거룩한) 글</td></tr>
</table>

성경은 "경전"이기 때문에 "글"이자 "책"이 되는 매우 심오한 단어이다. 이렇게 예리하고 정확한 번역을 공격한 것은 마귀이다. 정신을 똑바로 차리지 않으면 "성경"이란 말도 없는 가짜 킹제임스성경으로 믿음을 망치게 됨을 알아야 한다.

죄들을 사함받은 것으로 인하여 (행 2:38)

<한글킹제임스성경>	**<킹제임스흠정역>**
베드로가 그들에게 답변하기를 "회개하라. 그리고 <u>죄들을 사함받은 것으로 인하여</u> 너희 각자는 예수 그리스도의 이름으로 <u>침례를 받으라</u>. 그리하면 너희가 성령의 선물을 받으리라.	이에 베드로가 그들에게 이르되, 회개하고 너희 각 사람이 예수 그리스도의 이름으로 <u>침례를 받아 죄들의 사면을 얻으라</u>. 그리하면 너희가 성령님을 선물로 받으리니

영어 〈킹제임스성경〉의 "for the remission of sins"는 신약성경에 총 5회 기록되어 있다(마 26:28, 막 1:4, 눅 3:3, 행 2:38, 롬 3:25). 이 말씀을 〈한글킹제임스성경〉은 『죄들을 사함받은 것으로 인하여』로 번역했는데, 흠정역은 변개된 개역성경처럼 "죄들을 사함받기 위하여"라는 뜻으로 오역했다.

1) **마태복음 26:28 『이는 이것이 <u>죄들을 사하심으로 인하여</u> 많은 사람을 위**

해 흘리는 나의 새 언약의 피이기 때문이라.』(흠정역 - 죄들의 사면을 얻게 하려고 / 개역성경 - 죄사함을 얻게 하려고)

2) 마가복음 1:4 『**요한이 광야에서 침례를 주고, 죄들을 사함받은 것으로 인하여 회개의 침례를 전파하니**』(흠정역 - 죄들의 사면을 얻게 하는 회개의 침례를 선포하매 / 개역성경 - 죄사함을 받게 하는 회개의 세례를 전파하니)

3) 누가복음 3:3 『**그가 요단 강 주변에 있는 온 지방에 가서 죄들을 사함받은 것으로 인하여 회개의 침례를 전파하니**』(흠정역 - 죄들의 사면을 얻게 하는 회개의 침례를 선포하니 / 개역성경 - 죄 사함을 얻게 하는 회개의 세례를 전파하니)

4) 사도행전 2:38 『**베드로가 그들에게 답변하기를 "회개하라. 그리고 죄들을 사함받은 것으로 인하여 너희 각자는 예수 그리스도의 이름으로 침례를 받으라. 그리하면 너희가 성령의 선물을 받으리라.**』(흠정역 - 침례를 받고 죄들의 사면을 얻으라 / 개역성경 - 세례를 받고 죄사함을 얻으라)

5) 로마서 3:25 『**하나님께서는 그의 피를 믿는 믿음을 통하여 그를 화목제물로 세우셨으니 이는 하나님의 오래 참으심 가운데서 이전에 지은 죄들을 사하심으로 인하여 그의 의를 선포하려 하심이요**』(흠정역 - 과거의 죄들을 사면하심에 관한 / 개역성경 - 전에 지은 죄를 간과하심으로)

"for the remisson of sins"가 "죄들을 사함받은 것으로 인하여"로 번역되어야 할 이유에 관한 성경적 설명은 다음과 같다. 즉 죄사함과 구속은 구분되어야 한다. 죄사함은 구약적인 죄의 용서를 뜻한다. 출애굽기 34:7에 따르면, 죄악과 허물을 용서하나 범법자가 "결코 깨끗게 되지는 않는다." 『**주로다. 자비롭고, 은혜로우며, 오래 참고, 선함과 진리가 풍성한 주** 하나님이로다. **자비를 수천 대까지 간직하며 죄악과 허물과 죄를 용서하나 범법자가 결코 깨끗게 되지는 아니하리니 그 조상들의 죄악을 그 자손들과 그 자손들의 자손들 삼사 대까지 미치게 하느니라**』(출 34:6,7, cf. 민 14:18). 죄악과 허물을 용서하나 범법자가 결코 깨끗게 되지는 않는 것이 구약의 죄사함이었다. 이것은 예수 그리스도의 십자가 이전에 행해진 용서였다. 히브리서 10:1에 따르면, 율법의 희생제물로는 "결코 온전케 할 수 없었으며," 히브리서 10:4에 따르면, 황소들과 염소들의 피로는 "죄들을 제거하는 것이 불가능했다." 또한 히브리서 10:11에 따르면, 제사장들이 드렸던 희생제사로는 "죄들을 제거하는 것이 불가능했다." 이렇듯 "구약"의 죄사함은 죄들을 제거할 수 없기에 누구도 온전케 할 수 없다는 한계가 있었다.

반면 요한복음 1:29에서는 예수 그리스도를 『**세상 죄를 제거하는 하나님의 어린양**』으로 제시한다. 예수 그리스도께서 하시는 죄 용서는 죄인의 죄를 제거하여 그를 거룩하게 해 주시는 것을 뜻한다. 『**그 뜻에 따라 한 번 예수 그리스도의 몸을 드리심으로 우리가 거룩하게 된 것이라**』(히 10:10). 우리는 예수 그리스도에 의해 "거룩하게 되었다." 『**이분은 한 번의 속죄제를 영원히 드린 후 하나님의 오른편에 앉으셔서... 이는 그가 한 번의 제사로써 거룩하게 된 자들을 영원히 온전케 하셨기 때문이라**』(히 10:12,14). 예수 그리스도께서는 그분 자신의 몸으로 한 번 영원한 속죄제를 드리심으로써 우리를 "영원히 온전케 하셨다." 이것이 신약의 구속이다.

히브리서 9:15-17에 따르면, 새 언약의 중보자이신 예수 그리스도께서는 첫 언약 때의 죄들을 "구속"하시려고 죽으셨다. 『**이런 연유로 그는 새 언약의 중보자이시니, 이는 첫 언약 때에 범죄한 것들을 구속하시려고 죽으심으로써 부르심을 받은 자들로 그 영원한 유업의 약속을 받게 하시려는 것이라**』(히 9:15). 예수님께서는 주님 자신이 새 언약의 피를 흘리시겠다고 유언하셨는데(마 26:28), 유언하신 주님의 죽으심이 있을 때 그 유언이 효력을 발휘한다. 따라서 주님의 피흘리심으로 죄를 용서하신 "구속"이 새 언약, 즉 신약인 것이다. 『**그 사랑하시는 이 안에서 우리가 그의 은혜의 풍성함을 따라 그의 보혈을 통하여 구속, 곧 죄들의 용서함을 받았느니라**』(엡 1:7).

예수님께서는 주님께서 오시기 전까지는 구약적인 "죄사함을 받았기 때문에"

이제는 주님 자신의 새 언약의 피를 흘리시겠다고 말씀하신 것이었다. 이런 맥락에서 관련 구절을 읽고 해석해야 한다.

1) 마태복음 26:28 『**이는 이것이 죄들을 사하심으로 인하여 많은 사람을 위해 흘리는 나의 새 언약의 피이기 때문이라.**』 - 4천 년 동안 하나님께서는 "죄들과 불의"를 용서해 오셨다. 그러나 『**범법자가 결코 깨끗게 되지는 아니하리니**』(출 34:7). 이전에 지었던 죄들은 단지 "사함받는" 것이 아니라 깨끗게 되고 구속되어야 했다(히 9:15). 그래서 그리스도께서는 그러한 사실과 관련하여 자신의 피가 흘려질 것이라고 말씀하셨다. 하나님께서는 죄를 용서할 수 있는 근거를 가지셔야 했다. 황소와 염소의 피는 불완전한 근거였다. 왜냐하면 그것은 "죄들을 제거하는 것이 불가능하기" 때문이었다(히 10:4). 그리하여 『**세상 죄를 제거하는 하나님의 어린양**』(요 1:29)이 오신 것이다.

2) 마가복음 1:4 『**요한이 광야에서 침례를 주고, 죄들을 사함받은 것으로 인하여 회개의 침례를 전파하니**』 / 누가복음 3:3 『**그가 요단 강 주변에 있는 온 지방에 가서 죄들을 사함받은 것으로 인하여 회개의 침례를 전파하니**』 - 하나님께서는 이미 이스라엘을 용서하셨다. 이스라엘의 집행유예 기간은 끝나고 메시아께서 오고 계셨다. 그러한 관점에서 이스라엘은 그들이 회개하고 있음을 증명하기 위해 회개의 침례를 받아야 하는 것이다.

3) 로마서 3:25 『**하나님께서는 그의 피를 믿는 믿음을 통하여 그를 화목제물로 세우셨으니 이는 하나님의 오래 참으심 가운데서 이전에 지은 죄들을 사하심으로 인하여 그의 의를 선포하려 하심이요**』 - 죄인이 공정한 대가를 받았던 구약에서 죄들을 사하신 것은 하나님의 "오래 참으심" 때문이었다.

4) 사도행전 2:38 『**베드로가 그들에게 답변하기를 "회개하라. 그리고 죄들을 사함받은 것으로 인하여 너희 각자는 예수 그리스도의 이름으로 침례를 받으라. 그리하면 너희가 성령의 선물을 받으리라.**』 - 주님께서는 구약 시대부터 이스

라엘의 죄들을 용서해 오셨고, 그들의 메시아를 십자가에 못박은 죄를 또한 용서하셨다. 그렇게 하셨으므로 회개의 증거로 예수 그리스도의 이름으로 침례를 받고 성령의 선물을 받으라는 뜻이다.

하나님께서는 우리가 이전에 지은 죄들을 먼저 용서하셨다. 그렇기 때문에(for) 그분 자신의 아들을 십자가에 피 흘려 죽게 하신 것이다! 우리의 죄들을 용서하지 않으셨다면 그분 자신의 아들을 우리를 위해 희생시키실 이유가 없다. 하나님께서는 우리를 먼저 용서하셨고, 그렇기에 우리가 구원받을 수 있는 "속죄"의 근거를 갈보리 십자가를 통해 친히 마련하신 것이다. 『**하나님께서는 그의 피를 믿는 믿음을 통하여 그를 화목제물로 세우셨으니 이는 하나님의 오래 참으심 가운데서 이전에 지은 죄들을 사하심으로 인하여 그의 의를 선포하려 하심이요**』(롬 3:25).

참고로, "for the remisson of sins"의 헬라어는 "에이스 아페신 하마르티온"(εἰς ἄφεσιν ἁμαρτιῶν)인데, "에이스"(εἰς)가 영어 "for"에 해당하는 전치사이다. 헬라어 성경의 이 표현은 다섯 구절 중 네 구절에서(마 26:28, 막 1:4, 눅 3:3, 행 2:38) 일점일획의 차이 없이 모두 똑같이 기록되어 있고, 로마서 3:25에서만 다른 표현으로 기록되어 있는데 여기서 "for"에 해당하는 헬라어 전치사는 "디아"(διὰ)이다. 그런데 영어 〈킹제임스성경〉의 번역자들은 네 구절만이 아니라 로마서 3:25을 포함하여 다섯 구절 모두에서 똑같이 "for the remission of sins"라고 번역했다. 바로 이 점을 주목해야 하는데, 그 이유는 〈킹제임스성경〉의 번역자들이 "에이스"와 "디아"를 같은 뜻으로 번역한 것이기 때문이며, 또 "for the remisson of sins"와 관련된 문제의 해답을 찾게 하는 실마리를 제공해 주기 때문이다. 또한 주목할 것은 〈킹제임스성경〉은 신약 성경에서 단 한 번 나오는 로마서 3:25의 "파레신"(πάρεσιν)이라는 단어를 네 구절에서 공통적으로 쓰인 "아페신"과 똑같이 "remission"(죄사함)으로 번역했다는 사실이다. 이 역시 〈킹제임스성경〉의 번역자들이 두 개의 다른 헬라어 구문을 같은 뜻으로 번역했다는 의미이다.

그러나 변개된 NIV, NLT, 개역성경, 개역개정판, 표준새번역, 쉬운성경, 그리고 정동수의 흠정역은 이 다섯 구절들을 서로 다르게 번역하고 있다. 특히 사도행전 2:38과 로마서 3:25을 다른 세 구절들과 다르게 번역했다. 이것은 정동수는 물론, 변개된 성경들의 번역자들이 헬라어 성경과 영어 〈킹제임스성경〉의 의미를 바르게 알지 못했기 때문이다.

일반적으로 헬라어 문법에서 "에이스"를 "~ 안으로"(+ 대격)의 뜻으로, "디아"를 "~을 통하여"(+ 속격), 또는 "~로 인하여"(+ 대격)의 뜻이라고 설명한다. 그런데 이런 기초적인 구분은 초급 단계에서 소개되는 용례이고, "에이스"와 "디아"는 이 구분 외에도 매우 많은 용례들이 있다. "에이스"는 "~ 안으로"를 포함하여 "결과나 목적"을 나타내는 뜻 외에도 "이유"를 나타내는 뜻과 용례가 분명하게 있지만(롬 3:25; 4:20, 마 12:41 등), "디아"의 경우 "기간"(~ 동안), "도구"(~을 통하여), "이유"(~로 인하여) 등의 용례 외에는 "목적"(~을 위하여)의 뜻과 용례가 전혀 없다.

그러므로 〈킹제임스성경〉의 번역자들이 네 구절에서 쓰여진 "에이스"와 로마서 3:25의 "디아"를 똑같은 표현으로 번역했다는 것은 두 단어의 공통되는 용례가 있다는 뜻이며, 그것이 바로 "이유"(~로 인하여)를 나타내는 용례이다. 로마서 3:25의 "디아"가 이유를 나타내는 용례라는 사실은 〈킹제임스성경〉뿐만 아니라 변개된 성경을 만들어내는 번역자들이나 학자들도 모두 동의하는 바이다. 따라서 〈킹제임스성경〉의 번역과 같이 우리말로 이 구절을 번역할 때는 "~로 인하여"라고 일관되게 번역해야 한다. 그런데 정동수가 "for"로 번역된 헬라어 "에이스"를 마태복음 10:10의 예를 들어 "목적"을 나타내는 "~을 위하여"라고 주장하는 것은 헬라어 "에이스"에 대해 무지하기 때문에 범한 오류이다. 정동수는 물론 대부분의 헬라어 학자들이 "에이스"의 용례에 대해 분명한 구분을 못하고 있다.

구원을 온전히 이루라 (빌 2:12)

<한글킹제임스성경>	<킹제임스흠정역>
그러므로 나의 사랑하는 자들아, 너희가 항상 복종했던 것처럼 내가 있을 때뿐만 아니라 내가 없는 지금도 더욱더 두려움과 떨림으로 너희 구원을 온전히 이루라.	그러므로 나의 사랑하는 자들아, 너희가 항상 순종한 것같이 내가 있을 때뿐 아니라 지금 내가 없을 때에도 더욱더 순종하여 두려움과 떨림으로 너희 자신의 구원을 일하여 드러내라.

위의 빌립보서 2:12 말씀을 영어 〈킹제임스성경〉에서는 『Wherefore, my beloved, as ye have always obeyed, not as in my presence only, but now much more in my absence, work out your own salvation with fear and trembling.』라고 기록하고 있다. 밑줄 친 부분을 〈한글킹제임스성경〉은 『**너희 구원을 온전히 이루라.**』라고 번역했고, 흠정역은 「너희 자신의 구원을 일하여 드러내라」라고 번역했다. "work out"을 "이루다"로 번역한 이유가 무엇일까?

빌립보서 2:12은 "이미 구원받은 빌립보 성도들"의 행위와 관련된 말씀이다. 〈한글킹제임스성경〉을 읽는 성도들이 빌립보서를 읽다 보면 "구원을 온전히 이루라."는 2:12 말씀을 마주치는데, 혹시 "행위 구원"을 암시하는 것 아니냐는 의문을 갖기도 한다. 하지만 빌립보서 2:12의 『**구원을 온전히 이루라.**』라는 표현은 결코 행위 구원을 뜻하지 않는다. 문맥적으로 보면, 2:8에서 예수 그리스도께서 아버지께 순종하심으로써 십자가의 위대한 과업을 이룩하신 일이 언급된다. 그 뒤 12절에서 그 십자가를 믿고 구원받은 성도라면 항상 두려움과 떨림 가운데 복종함으로써 구원을 온전히 이루어야 한다는 점을 강조한다. 본문 12절은 그곳의 "복종"이라는 단어에서 알 수 있듯이, 너희도 예수 그리스도처럼 "복종하는 행위"를 통해 주님을 믿고 구원받았다는 증거를 가져야 한다는 것이 그 핵심이 되는 의미이다. 이것은 『**하나님의 뜻은 이것이니, 곧 너희의 거룩함이니라.**』(살전 4:3)라는 말씀, 곧 "현재의 성화"와 관련된 부분이다. 우리는 예수 그리스도를 구주로 영접했을 때 이루어진 "과거의 성화" 이외에, 구원받은 뒤에 성도로서 이뤄가야 할 거룩한 삶, 곧 "현재의 성화"를 구원받은 사람으로서 "온전히 이뤄야" 하는 것이다.

우리가 알아야 할 것은 인간의 구원에는 세 종류가 있다는 사실이다. "죄의 형벌로부터의 구원"과 "죄의 능력으로부터의 구원"과 "죄의 임재로부터의 구원"이 그것이다. 우리는 우리를 대신해서 십자가에서 죽으신 예수님을 구주로서 받아들였을 때 그 순간 죄의 형벌인 지옥으로부터 구원받았다. 이것은 과거에 이루어졌기에 "과거의 성화"라고 불린다. 그 뒤 우리는 매일매일 주님과 동행하고 주님과 일하며 하나님의 말씀을 따라 살면서 죄의 능력으로부터 구원받고 있는 중이다. 이 구원은 현재 진행 중이기에 "현재의 성화"라고 부른다. 그리고 언젠가 주님께서 다시 오시면 우리는 완전하고 죄 없는 몸을 갖게 될 것이고 주님과 똑같이 될 것인데, 그때 우리는 죄의 임재로부터 구원받게 된다. 이것은 미래에 있을 구원이기에 "미래의 성화"라고 불린다. 주님께서는 우리를 구원하셨고 구원하고 계시며 구원하실 것이다.

그런데 성경은 위의 세 가지 구원 외에도 몇 가지 구원을 더 이야기하고 있다. 디모데전서 2:15은 남편과 아내가 정숙함으로 믿음과 사랑과 거룩함에 계속 거하면 여자가 자녀를 낳을 때 마귀의 속임수로부터 구원받는다고 말씀한다. 디모데전서 4:16은 사역자가 사역자 자신과 교리에 주의하면 그 자신과 그의 말을 듣는 사람을 구원할 것이라며 사역에서의 구원을 이야기한다. 그뿐 아니라 빌립보서의 1:19은 『**이는 내가 이것이 너희의 기도와 예수 그리스도의 영의 공급으로 나를 구원에 이르게 할 줄 알기 때문이라.**』라고 말씀한다. 사도 바울이 구원받지 못해서 빌립보 성도들의 기도로 지옥의 형벌에서 구원받는다고 한 것일까? 사도 바울은 감옥에 갇힌 악한 상황에서 영적인 공급을 받는 구원을 이야기하고 있다. 성경에는 이처럼 다양한 구원들이 있는데, 모든 구원을 지옥의 형벌로부터의 구원에만 꿰어 맞춰서 해석할 때 행위 구원이라는 이단 교리가 나오게 된 것이다.

빌립보서 2:12은 죄의 형벌로부터의 구원, 곧 지옥으로부터의 구원을 가르치지 않고 "죄의 능력으로부터의 구원" 곧 현재의 성화를 가르친다. 그럼에도 어떤 무지한 사람들은 그 구절을 행위 구원을 가르치는 구절로 오해한다. 우리는 예수 그리스도를 구주로 영접하여 구원받은 뒤에 성도로서 해야 할 일이 있다. 그것은 "복음에 합당한 거룩한 삶을 이뤄가는 것"인데, 사도 바울은 그것을 "온전히 이뤄야" 한다고 빌립보서 2:12에서 강조하고 있는 것이다.

또한 우리가 알아야 할 것은 빌립보서의 수신 대상이다. 1:1에 보면 『**빌립보에 있는 그리스도 예수 안의 모든 성도들과 감독들과 집사들에게** ***편지하노니***』라고 말씀한다. 그들은 이미 그리스도의 몸 안에 들어온 구원받은 성도들인 것이다. 그리스도의 몸 안에 들어왔기에 그들의 행위와 관련 없이 구원이 영원히 보장된 그리스도인들이다. 사도 바울은 이미 그리스도 안에 들어온 성도들에게 그들의 "행위"가 복음에 합당하게 될 것을 빌립보서 1:27에서 강조하고 있다. 『**오직 너희의 행위가 그리스도의 복음에 합당하게 되라.**』라고 말이다. 이렇게 "그리스도의 복음에 합당한 행위를 하라"는 것이 문제의 2:12에서는 『**너희 구원을 온전히 이루라.**』라는 말씀으로 표현되고 있는 것이다. 즉 복음으로 구원받은 사람답게 살라는 뜻이다.

이처럼 사도 바울은 빌립보서에서 구원받은 성도의 "행위"를 강조하지만 그것은 구원받기 위한 행위가 아니다. "온전히 이루라"고 번역된 "work out"에는 분명 "행함"과 "수고"의 단어인 "work"가 들어 있다. "work out"은 "행함으로 성취하다"라는 뜻인데, "out"에는 "완전히, 끝까지"라는 의미가 있다. 그렇기에 "work out"을 "온전히 이루라"로 번역한 것은 최상의 온전한 번역이 된다.

그런가 하면 work out에 해당하는 헬라어 "까떼르가제스테"(κατεργάζεσθε)

는 "노력과 수고를 들여 이룩하다"라는 뜻이다. "노력과 수고를 들여 너희 구원을 이루라"는 것인데 이러한 해석도 행위 구원으로 받아들일 것인가? 너무도 분명하지 않은가? 이러한 work out을 〈한글킹제임스성경〉처럼 "온전히 이루라"고 번역하지 않고 흠정역처럼 "일하여 드러내라"고 한다면 본문의 의미를 전혀 살리지 못한, 반쪽짜리 "해석"도 안 되고 만다. 해석은 번역이 아니다. 그러한 책은 한글로 된 번역 성경이라고 할 수 없다. 빌립보서의 "문맥"을 정확히 파악하여 해석할 수 없다면 성경을 번역하려고 나서지 말아야 한다. 〈한글킹제임스성경〉은 결코 행위 구원을 가르치지 않는다. 〈한글킹제임스성경〉을 기록된 그대로 믿고 성경대로 정확히 실행할 때 하나님께 인정받는 그리스도인이 될 수 있다.

하나님의 아들을 믿는 믿음 (갈 2:20)

<한글킹제임스성경>	<킹제임스흠정역>
내가 그리스도와 함께 십자가에 못박혀 있으나 그럼에도 나는 살아 있노라. 그러나 내가 사는 것이 아니요, 그리스도께서 내 안에 사시는 것이라. 내가 이제 육신 안에서 사는 삶은 나를 사랑하시어 나를 위해 자신을 주신 하나님의 아들을 믿는 믿음으로 사는 것이라.	내가 그리스도와 함께 십자가에 못박혀 있으나 그럼에도 불구하고 사노라. 그러나 내가 아니요 그리스도께서 내 안에 사시느니라. 나는 지금 내가 육체 안에서 사는 삶을 나를 사랑하사 나를 위해 자신을 주신 하나님의 아들의 믿음으로 사노라.

갈라디아서 2:20은 "the faith of the Son of God"에서 첫 번째 "of"의 번역을 정확히 해야 성경의 저자이신 성령님의 의도를 정확히 살릴 수 있다. 일례로 the love of God는 두 가지로 해석이 가능하다. 첫째, "하나님의 사랑"이고, 둘째,

"하나님을 향한 사랑"인데, 후자의 경우엔 of 이하의 God이 love의 목적어가 된다. 즉 "하나님을 사랑하다"의 뜻인 것이다. 이것은 로마서 1:30의 haters of God을 "하나님을 미워하는 자들"로 번역한 것과 같은 이치이다.

문제의 the faith of the Son of God 역시 두 가지로 해석이 가능하다. 첫째, "하나님의 아들의 믿음"이고, 둘째, "하나님의 아들을 믿는 믿음"인데, 후자의 경우가 첫 번째 "of" 이하를 "목적어"로 해석한 예이다. 피터 럭크만 박사는 "믿음"을 "하나님의 선물"로 계시하는 에베소서 2:8에 따르면 "하나님의 아들의 믿음으로 해석할 수도 있다(can be)"고 설명했다. 말하자면 본문의 원래 의미는 "하나님의 아들을 믿는 믿음"인데, 부차적으로 "하나님의 아들의 믿음"으로도 설명이 가능하다고 한 것이다. 말하자면 본래의 뜻을 정확히 살린 〈한글킹제임스성경〉의 번역이 맞는 것이다.

거듭나기 이전에 우리는 우리 자신의 육신을 믿고(신뢰하고) 살았다. 사도 바울 역시 그러했다(빌 3:3,4). 그러나 바울은 예수 그리스도에 관한 지식을 알게 된 후로는 구원을 위한 의를 "예수 그리스도를 믿음으로써"(빌 3:9) 얻었다. 그런데 이 점은 구원을 받은 후에도 마찬가지이다. 육신 안에 있던 우리가 하나님의 아들을 믿음으로 의를 얻었다면, 여전히 육신 안에 살고 있는 지금 역시 하나님의 아들을 믿음으로 살아야 한다. 이것이 갈라디아서 2:20이 뜻하는 바이다. 사도 바울은 현재 우리가 하나님의 아들을 믿는 믿음으로 사는 일이 그분께로부터 의를 받은 일의 연장이라는 점을 그다음 구절에서 분명히 밝히고 있다. "하나님의 아들을 믿음으로 의를 얻었다면 또한 그분을 믿음으로 살아야 한다"는 것인데, 20절과 21절을 연달아서 읽어 보면 그 의미가 분명히 들어온다. 참고로 21절이 구원받을 때이고("믿음으로" 의를 얻음) 20절이 구원받은 후의 삶이다. 『**내가 그리스도와 함께 십자가에 못박혀 있으나 그럼에도 나는 살아 있노라. 그러나 내가 사는 것이 아니요, 그리스도께서 내 안에 사시는 것이라. 내가 이제 육신 안에서 사는 삶은 나를 사랑하시어 나를 위해 자신을 주신 하나님의 아들을 믿는 믿**

음으로 사는 것이라. 나는 하나님의 은혜를 저버릴 수 없나니, 만일 의가 율법으로 인하여 온 것이라면 그리스도께서는 헛되이 죽으신 것이라』(갈 2:20,21).

갈라디아서 2:20에 관한 흠정역의 번역은 번역이 아니라 강의실과 주석서에서 가르칠 수 있는 "부차적인 해석"에 불과하다. 하나님의 아들을 믿고 거듭난 그리스도인이 그 후에도 여전히 그 아들을 믿음으로써 살아야 한다는 것은 성경의 위대한 진리이다. 그 점을 가려 버린 사악한 "변개"가 흠정역에서 이루어진 것이다. 다음의 요한일서 5:13을 조용히 묵상해 보면 그것이 무슨 뜻인지 알게 될 것이다. 『**내가 하나님의 아들의 이름을 믿는 너희에게 이런 것들을 씀은 너희에게 영생이 있음을 알게 하려 함이며, 또한 너희가 하나님의 아들의 이름을 믿도록 하려 함이라.**』

음부인가, 무덤인가? (삼상 2:6)

<한글킹제임스성경>	<킹제임스흠정역>
주께서는 죽이기도 하시며 살리기도 하시고, <u>음부</u>로 끌어 내리기도 하시며 끌어 올리기도 하시는도다.	주께서는 죽이기도 하시고 살리기도 하시며 <u>무덤</u>으로 내려가게도 하시고 올라오게도 하시는도다.
The LORD killeth, and maketh alive: he bringeth down to the grave, and bringeth up.	

"음부"는 "무덤"과 다르다. "무덤"은 죽은 사람의 시체나 유골이 묻히는 장소, 곧 "흙구덩이 매장지"를 의미하는 반면, "음부"는 "죽은 자들의 집단적인 상태"로, "히브리어 마소라 원문의 판본들"에서는 "지하 세계"라고 부른다. 성경에서 음부가 의미하는 것은 "일반적으로 특정한 구분 없이 죽은 사람들이 가는 곳"을 뜻한다(삼상 2:6, 욥 7:9, 시 89:48). 일반적으로 의인이나 악인의 구분 없이 사람이

죽은 후에 가는 곳에 대한 표현으로 사용되는 것이다. 따라서 음부라는 것은 지하 세계를 가리키며, 그 안에 낙원과 지옥을 포함하고 있다. 반면 지옥이라는 단어가 나올 때는 어떤 예외도 없이 불타는 형벌의 장소를 가리킨다.

특히 구약성경에서는 "음부"라는 단어가 "죄인이든, 의인이든," 사람이 죽은 후에 가는 장소를 총칭하는 표현인데, "음부," 곧 지하 세계 안에 있는 장소들 중에서 죄인들은 "지옥"으로 갔고, 의인들은 "낙원"(눅 23:43, "지하 세계의 낙원"), 곧 『**아브라함의 품**』(눅 16:22)으로 갔다. 당시는 예수 그리스도의 피로 "구속"이 완성되기 전이었으므로, 구약 시대의 성도들은 죽은 후에 곧바로 "셋째 하늘의 낙원"에 올라가지 못하고, "십자가 사건"이 일어날 때까지 지하 세계의 낙원에 가서 임시로 머물러 있어야 했다. 이렇듯 "구약 시대"에는 "구원을 받았든지, 받지 않았든지 간에" 사람이 죽은 후에 가는 장소들, 곧 "낙원"과 "지옥"이 모두 "지하 세계"에 있었기에, 흔히들 "사람이 죽으면 음부에 간다."라고 말할 수 있었다.

하지만 "십자가 사건" 이후에는 상황이 달라졌다. 예수 그리스도께서 부활하셨을 때, "음부," 곧 "지하 세계"의 낙원에 "사로잡혀 있던 구약 성도들"을 데리고 "셋째 하늘의 낙원"으로 올라가셨기 때문이다(마 27:50-53, 엡 4:8,9). 사도 바울은 생전에 『**셋째 하늘로 끌려**』(고후 12:2) 올라가 그 『**낙원**』(고후 12:4)을 실제로 목격하기도 했다. 그래서 "예수 그리스도의 부활" 이후로는 모든 사람이 죽은 후에 지하 세계, 곧 음부로 내려가지 않는다. 구원받지 않은 죄인은 여전히 음부로 내려가 "지옥"으로 던져지지만, 구원받은 그리스도인은 셋째 하늘의 낙원으로 올라가게 된다. 신약성경에서 "음부"라는 단어가 구약 성경에서처럼 자주 등장하는 않는 이유가 바로 여기에 있다. 신약성경에서는 "고린도전서 15:55"에서만 유일하게 등장하는데, 이는 "죽은 자들의 집단적인 상태," 곧 "죽음 혹은 사망 그 자체"가 썩지 않고 죽지 않는 몸을 입고(고전 15:54) 저 공중으로 "휴거되는 성도들"을 쏘거나 붙잡아 패배시킬 수 없음을 잘 보여 준다. 『**오 사망아, 너의 쏘는 것이 어디 있느냐? 오 음부야, 너의 승리가 어디 있느냐?**』

이렇듯 음부는 무덤과 다르기에 성경에서 영어 "grave"를 번역할 때 일괄적으로 "무덤"으로만 번역해서는 안 되고, 문맥에 맞게 "음부"와 "무덤"으로 올바르게 구분해서 번역해야 한다. 우선 영어 〈킹제임스성경〉에서 "grave"가 "무덤"을 의미할 때, "히브리어"로는 "베이"(bei, 욥 30:24), "케부라"(qeburah, 창 35:20, 겔 32:24 등 4회), "케베르"(qeber, 창 50:5, 나 1:14 등 34회)가 사용되고, "헬라어"로는 "므네마"(mnema, 계 11:9), "므네메이온"(mnemeion, 마 27:52, 요 12:17 등 8회)이 쓰인다. 이에 반해 "grave"가 "사람이 죽으면 일반적으로 가는 장소"라는 뜻의 "음부"(陰府)를 의미할 때는, "히브리어"로 "스올"(sheol, 창 37:35, 호 13:14 등 32회), "사하트"(shachath, 욥 33:22)가 사용되고, "헬라어"로 "하데스"(hades, 고전 15:55)가 쓰인다. 이처럼 영어 〈킹제임스성경〉에서는 "grave"라는 단어가 히브리어와 헬라어로 "베이," "케부라," "케베르," "므네마," "므네메이온"일 때는 "무덤"의 뜻으로 사용되고, "스올," "사하트," "하데스"의 경우에는 "음부"의 의미를 지니게 된다. 따라서 흠정역처럼 영어 "grave"를 모두 "무덤"으로만 번역하면 심각한 오류가 발생한다.

"세 가지 사례"만 들어보면 다음과 같다. 『**이제 그의 혼이 음부**[grave]**에 다가가고 그의 생명이 멸망자들에게 다가가는도다**』(욥 33:22). 『**그러나 하나님은 내 혼을 음부**[grave]**의 권세에서 구속하시리니 그가 나를 받아 주시리라. 셀라**』(시 49:15). 『**살아서 죽음을 보지 아니할 사람이 누구리이까? 그가 자기의 혼을 음부**[grave]**의 손에서 구해 내리이까? 셀라**』(시 89:48). "흠정역"은 이 구절들의 "grave"를 모두 "무덤"으로 변개시켰다. 흠정역은 사람이 죽은 후에 그 "혼"이 "무덤"에 간다는 이상한 "이단 교리"를 만든 것이다. 하지만 〈한글킹제임스성경〉에 따른 성경적 교리에 의하면 "무덤"으로 가는 것은 인간의 "몸"이지, "혼"이 아니다. "혼"은 "구약 시대"의 경우 모두 "지하 세계," 곧 "음부"에 있는 낙원 또는 지옥으로 갔고, 현 "교회 시대"에는 구원받은 혼은 셋째 하늘의 낙원으로 가고, 구원받지 않은 혼은 음부에 있는 지옥으로 가게 된다.

주 안에서 기뻐하라 (시 97:12)

<한글킹제임스성경>	<킹제임스흠정역>
너희 의로운 자들아, **주** 안에서 기뻐하고 그의 거룩하심을 기억하여 감사를 드리라.	의로운 자들아, 너희는 **주**를 기뻐하며 그분의 거룩함을 기억하고 감사할지어다.
Rejoice in the LORD, ye righteous; and give thanks at the remembrance of his holiness.	

〈한글킹제임스성경〉을 흉내 낸 가짜 흠정역은 "기쁨"을 모방하기 때문에 "주 안에서 기뻐하라"를 "주를 기뻐하라"로 변개시켰다. "정동수보다 영어를 잘 아는" 피터 럭크만 박사는 위의 시편 97:12에 관해서 「그리스도인은 말 그대로 주 "안에서" 기뻐할 수 있다. 그가 문자 그대로 주 『**안에**』 있기 때문이다(엡 1:1,10).」라고 설명했다. 럭크만 박사는 이 해석으로 "주 안에서" 기뻐하라는 〈한글킹제임스성경〉의 번역에 손을 들어 준 것이다!(삼상 2:1, 시 32:11; 33:1; 40:16, 빌 3:1 등). 성경은 그리스도인의 기쁨이 이루어지는 "영역"을 규정해 놓았다. 즉 "주 안에서" 기뻐해야 한다는 것이다.

그리스도 안에 있는 성도는 "그리스도 안에서" 진실을 말하며(롬 9:1), "그리스도 안에서" 인정을 받고(롬 16:10), "그리스도 안에서" 소망을 품으며(고전 15:19), "그리스도 안에서" 복을 누리고(엡 1:3), "그리스도 안에서" 승리한다(고후 2:14). 주님으로부터 벗어난 것들에서는 기쁨을 누릴 수 없다! 이는 『**우리의 만족이 하나님께로부터 난 것이기 때문**』이다(고후 3:5). 성도의 기쁨의 영역은 "그리스도 안에서"이다. 주님은 변하지 않으시므로 "그분 안에서" 누리는 기쁨은 한결같다. 『**항상 기뻐하라**』(살전 5:16). 『**주 안에서 항상 기뻐하라. 내가 다시 말하노니 기뻐하라**』(빌 4:4).

"친히" 번제에 쓸 어린양이 되신 하나님 (창 22:8)

<한글킹제임스성경>	<킹제임스흠정역>
하나님께서 자신을 번제에 쓸 어린양으로 마련하실 것이라.	번제 헌물의 어린양은 하나님께서 자신을 위하여 예비하시리라.
God will provide himself a lamb for a burnt offering.	

"God will provide himself a lamb..."을 흠정역은 "어린양은 하나님께서 자신을 위하여 예비하시리라."로 변개시켰다. 기타 변개된 성경들 역시 himself의 위치를 바꾸거나(God himself will...) for himself로 의미를 약화시켰다. "God will provide for Himself the lamb"(NKJV). "God will provide for himself the lamb"(ESV). "God Himself will provide the lamb"(Holman Standard). "God will provide for Himself the lamb"(NASB). "God himself will provide the lamb"(NIV). 성경 변개자들의 눈에는 "God will provide himself a lamb..."이 대체 무슨 의미로 들어오기에 말씀에 손을 대었을까? 그들 자신의 눈에도 창세기 22:8이 『**하나님께서 자신을 번제에 쓸 어린양으로 마련하실 것이라.**』로 읽히기 때문이다! 그들은 『**참 하나님**』(요일 5:20)이신 예수 그리스도께서 "세상 죄를 제거하기 위해서 오신 하나님의 어린양"(요 1:29), 즉 하나님께서 자신을 친히 십자가의 제물로 삼으신 분임을 "믿지 못하는" 것이다. 모든 현대 역본들에서는 하나님께서 자신을 친히 십자가의 제물로 마련하신 분이 예수 그리스도시라는 진리가 완전히 가려져 있는데 정동수 역시 그와 동일한 전철을 밟아서 변개했다.

창세기 22:8은 아브라함이 "선지자"로서(창 20:7) 십자가에 달리실 예수 그리스도가 어떤 분이신가를 예언한 것이다. 『**내 아들아, 하나님께서 자신을 번제에 쓸 어린양으로 마련하실 것이라.**』 그런데 흠정역은 다른 변개된 성경들과 똑같이

「어린양은 하나님께서 자신을 위하여 예비하시리라.」로 변개했다. 아브라함의 예언은 이삭을 번제로 바치려 할 때 하나님께서 자신을 위해 숫양을 마련하셔서 바치게 하실 것이라는 것을 말한 것이 아니라, 갈보리 십자가의 예수 그리스도께서 누구신가를 말한 것이다. 즉 "하나님께서 자신을" 인류의 죄를 위해 제물로 바치신 분이 바로 예수 그리스도시라는 것이다. 『**내 아들아, 하나님께서 자신을 번제에 쓸 어린양으로 마련하실 것이라.**』 예수 그리스도는 하나님께서 육신으로 나타나신 분이시다(딤전 3:16). "하나님께서 자신을" 십자가에 제물로 내어주신 분이라는 것이다. 『**세상 죄를 제거하는 하나님의 어린양**』(요 1:29)이신 예수 그리스도는 하나님께서 친히 십자가의 제물이 되시기 위해 나타나신 분인데도 흠정역에는 이 소중한 진리가 완전히 가려져 있는 것이다.

나는 곧 나니라 (출 3:14)

<한글킹제임스성경>	<킹제임스흠정역>
하나님께서 모세에게 말씀하시기를 "**나는 곧 나니라**[I AM THAT I AM]." 하시고, 또 말씀하시기를 "너는 이스라엘 자손들에게 이같이 말할지니 '**나이신 분**[I AM]께서 나를 너희에게 보내셨다.' 하라." 하시니라.	하나님께서 모세에게 이르시되, **나는 곧 스스로 있는 자니라**, 하시고 또 이르시되, 너는 이스라엘 자손에게 이같이 말하기를, **스스로 계신 이**께서 나를 너희에게 보내셨느니라, 하라.

흠정역은 무식하고 어리석은 번역을 했다. 당시 모세는 『**내가 이스라엘 자손에게 가서 '너희 조상들의 하나님께서 나를 너희에게 보내셨다.' 라고 그들에게 말할진대 그들이 내게 말하기를 '그의 이름이 무엇이냐?' 하면, 내가 무엇이라고 그들에게 말하리이까?**』(출 3:13)라고 주님께 물었다. 자기를 백성들에게 보내시는 "하나님의 이름이 무엇인지"를 물은 것이다. 이 질문에 하나님께서는 『**나는 곧 나니**

라... 나이신 분』이라고 말씀하심으로써 그분의 이름을 분명하게 밝히셨다. 그런데 〈흠정역〉은 이름을 알려 주기는커녕 동문서답하시는 "이상한 하나님"을 만들어 냈다. 모세가 하나님께 물은 것은 그분의 "이름"이었지, 그분의 기원, 곧 영원 시대부터 스스로 계신 분인지를 물은 것이 아니었다.

흠정역과 같은 번역은 무지와 어리석음을 넘어 신성 모독적이다. 왜냐하면 흠정역은 하나님이신 예수 그리스도의 신성을 격하시켰기 때문이다. 말하자면 『**나이신 분**』, 곧 "I AM"이라는 "아버지 하나님"의 이름은 신약에서 "아들 하나님"이신 예수 그리스도께서도 취하시는 위대한 이름이다.

첫째, 예수 그리스도께서는 유대인들과의 대화 중에 『**아브라함이 나기 전부터** 나는 있느니라[Before Abraham was, I am].』(요 8:58)라고 하셨다. 이 말씀은 예수님께서 출애굽기 3:14의 바로 그 "I AM"이신 분이시며, 아브라함이 있기 전부터 시간에 구애받지 않고 늘 현재형으로 존재하시는 하나님(딤전 3:16)이심을 보여 준다. 출애굽기 3:14의 "I AM"이라는 이름은 항상 현재형으로 존재하시는 하나님의 "이름"이다. 하나님께서는 시간과 무관하게 과거에도 계시고 지금도 계시며 앞으로도 계시는 분이시다. 모세가 하나님의 이름을 요구했을 때 주님께서는 그 이름이 "I AM" 과 "I AM THAT I AM"이라고 하셨다. 〈한글킹제임스성경〉은 각각 『**나이신 분**』과 『**나는 곧 나니라**.』로 바르게 번역했다.

"I AM"을 『**나이신 분**』으로 번역해야 하는 이유는, 그 이름이 그것의 주체이신 예수님을 알게 하는 이름이기 때문이다. 하나님의 아들이신 예수 그리스도께서는 분명 『**나이신 분**[I AM]』이다. 구약의 여호와 하나님, 바로 그분이시다. 『**나는 곧 나니라**[I AM THAT I AM]』라고 말씀하신 그분께서 육신으로 나타나신 분이 바로 예수 그리스도이시다!(딤전 3:16) 이러하신 예수님께서는 자신을 가리켜서 『**나는 그 생명의 빵이라**[I am that bread of life]』(요 6:48), 『**나는 세상의 빛이라**[I am the light of the world]』(요 8:12), 『**나는 양들의 문이라**[I am the door of the sheep]』(요 10:7), 『**나는 선한 목자라**[I am the good shepherd]』(요 10:14),

『**나는 하나님의 아들이라**[I am the Son of God]』(요 10:36), 『**나는 부활이요, 생명이니**[I am the resurrection, and the life]』(요 11:25), 『**나는 길이요 진리요 생명이라**[I am the way, the truth, and the life]』(요 14:6), 『**나는 참 포도나무요**[I am the true vine]』(요 15:1)라고 하셨다.

예수 그리스도께서는 자신을 가리켜서 한결같이 "I am"이라고 하셨는데, 이 점은 예수 그리스도 자신이 구약의 "I AM"이신 분임을 계시하신 것이었다. 주님께서는 그분을 믿는 성도들에게 "백지수표"처럼 모든 것이 되실 수 있는 전능하신 분이시다! 이런 소중한 진리들을 「**나는 곧 스스로 있는 자니라**」로 번역한 흠정역이나 개역성경, 개역개정판으로 깨달을 수 있겠는가? 하나님의 거룩하신 이름을 변개시켜서 예수 그리스도의 신성을 격하시킨 가짜 성서들은 모두 쓰레기통에 던져 넣어야 한다.

"화살의 독이 내 영을 마신다"고? (욥 6:4)

<한글킹제임스성경>	<킹제임스흠정역>
전능하신 분의 화살이 내 안에 있으며 내 영이 그 독을 마셨나니 하나님의 공포가 나를 치려고 진열하도다.	전능자의 화살들이 내 속에 있어 그것들의 독이 내 영을 마시기 때문이니 하나님의 두려움들이 진을 치고 나를 대적하는도다.
For the arrows of the Almighty are within me, the poison whereof drinketh up my spirit: the terrors of God do set themselves in array against me	

흠정역의 "그것들의 독이 내 영을 마시기 때문이니"는 완전한 오역이다. 그것은 영어 본문의 "whereof"가 무슨 용법으로 쓰였는가를 전혀 모르기 때문에 저지른 오류이다. whereof는 the poison을 선행사로 하고 drinketh up을 동사로 두는

"주격" 관계대명사가 아니다. 그 이유는 창세기 3:1의 말씀을 보면 쉽게 알 수가 있다. 『**너희는 동산의 모든 나무에서 나는 것을 먹지 말라**[Ye shall not eat of every tree of the garden]』(창 3:1). 여기에 쓰인 "eat of"는 "of 이하의 것을 먹다"라는 뜻을 가지고 있다. 이는 고어 영어에서 비일비재하게 사용되었던 용법인데, 예를 들어 오늘날처럼 "eat it"(그것을 먹다)이라고 하지 않고 "eat of it" 하는 것이다. 만일 무언가를 마신다면 "drink it up"이 아니라 "drink up of it"이라고 한다. 그러니까 문제의 욥기 6:4은 원래 "my spirit drinketh up of the poison"(내 영이 그 독을 마신다)인데, the poison을 "선행사"로서 문장 앞으로 내보내고 그 뒤에 the poison을 "목적어"로 취하는 "of"를 지닌 관계사 "whereof"를 위치시킴으로써 그 선행사를 수식하는 관계사절을 만들어 준 것이다. 그것이 어떻게 변형되었는지는 다음과 같다.

my spirit drinketh up of the poison
→ the poison whereof my spirit drinketh up

여기서 관계사절의 주어인 "my spirit"이 고어 영어에서 "시가서"인 욥기의 특성상 "시적 도치"가 이루어져 동사 뒤로 위치하게 된다.

the poison whereof my spirit drinketh up
→ the poison whereof drinketh up my spirit

바로 이렇게 된 것인데, 영어에 무지한 사람들에게는 이러한 도치 구조, 즉 "술어(drinketh up) + 주어(my spirit)"의 구조가 눈에 들어오지 않는 것이다. 말하자면 정동수는 이와 같은 고어 영어의 시적 기법에 무지하다는 얘기이다. 상식적으로 봐도 "독이 내 영을 마신다"고 하면 말이 안 되지만, "내 영이 독을 마신다"고 하면 의미가 너무도 자연스러워진다. 피터 럭크만 박사는 그의 〈욥기〉 주석서에

서 본문 3,4절과 관련하여 「욥의 말은 "삼켜졌을"(3절) 뿐만 아니라 욥은 독을 마시고 있다(4절).」라고 주석했다. 누가 옳은가? 정동수인가, 영어에 능통한 "피터 럭크만"인가?

선지자인가, 대언자인가? (신 18:15)

<한글킹제임스성경>	<킹제임스흠정역>
주 너의 하나님께서 네 가운데로부터 네 형제들 가운데서 나와 같은 한 선지자를 네게 일으키시리니 너희는 그에게 경청할지니라.	**주** 네 하나님께서 네 한가운데서 곧 네 형제들 중에서 나와 같은 대언자 하나를 너를 위하여 일으키시리니 너희는 그의 말에 귀를 기울일지니라.

정동수는 예수 그리스도를 "대언자," 곧 "하나님을 대신해서 말하는 사람"으로 만들었다. "대언자"라는 번역은 "어떻게 인간이 '예언'을 할 수 있느냐"는 발상에서 이루어졌다. 그렇다면 예수님은 어떠하신가? 예수 그리스도께서 말씀하신 마태복음 24장의 대환란 관련 예언이나 예수님의 십자가 고난에 관한 예언 등이 모두 "하나님을 대신해서" 말씀하신 것이었단 말인가? 예수님께서는 "하나님" 자신이시다! 『**태초에 말씀이 계셨고, 그 말씀이 하나님과 함께 계셨으니, 그 말씀은 하나님이셨느니라**』(요 1:1). 『**경건의 신비는 논쟁의 여지없이 위대하도다. 하나님께서는 육신으로 나타나셨고**』(딤전 3:16). 『**너희 안에 이 생각을 품으라. 곧 그리스도 예수 안에도 있는 생각이라. 그는 하나님의 형체로 계시므로 하나님과 동등하게 되는 것을 탈취라 생각지 아니하셨으나**』(빌 2:5,6). 예수 그리스도의 예언은 하나님 자신의 예언이었지 "하나님을 대신해서" 앞날의 일들을 미리 말씀하신 것이 아니었다.

〈한글킹제임스성경〉은 그 안에 185개의 "예언" 또는 "예언하다"라는 단어를 잘 보존하고 있지만, 흠정역은 딱 "한 번"을 제외하고는 모두 변개시켜 버렸다. 흠정역은 마귀에게 점유당한 자들의 입에서 나오는 "예언"이란 것을 위해서만 "예언"이라는 단어를 사용했다. 그 구절은 이사야 47:13이며, 〈한글킹제임스성경〉은 다음과 같이 기록한다. 『**너는 너의 많은 계획 가운데서 피곤하게 되었도다. 이제 점성가들과 별을 보는 자들과 매달 징조를 예언하는 자들을 일으켜서 네게 일어날 일들로부터 너를 구원하게 하라.**』 정동수의 흠정역은 마귀들린 자들의 예언은 "예언"으로 인정해도, 『**하나님의 거룩한 사람들이 성령으로 감동을 받아 말한**』(벧후 1:21) 예언은 "예언"으로 간주하지 않는다. 흠정역에는 예언이 없다! 흠정역은 "선지자"를 모두 "대언자"로 변개시켰고, "예언"을 "대언"으로, "예언하다"를 "대언하다"로 바꾸어 버렸다. 정동수의 흠정역은 예수 그리스도마저도 마귀들린 자들보다 못한 대언자로 전락시킨 형편없는 책이다. 성경은 "미리 기록된 역사책"이다. "예언이 없는 성경"이 어떻게 성경이 될 수 있겠는가!

『**이는 예수의 증거가 예언의 영이기 때문이라**』(계 19:10). "예수의 증거"는 "예언의 영"이다! 왜냐하면 "예수 그리스도께서 증거하신 말씀"이 "미래 역사를 예언하고 있기 때문"이다. 그렇기에 "예수의 증거를 가진 사람"은 "예언의 영을 가진 사람"이며 우주의 역사가 예수님과 관련하여 앞으로 어떻게 될지를 알고 있다. 『**그러나 진리의 영이신 그분이 오시면 너희를 모든 진리로 인도하시리라. 그분은 자신에 관하여 말씀하지 아니하시며, 무엇이나 들은 것을 말씀하실 것이요, 또 너희에게 다가올 일들을 알려 주시리라**』(요 16:13).

"예수의 증거"를 가진 그리스도인들은 "교회의 휴거"와 "그리스도의 심판석," "어린양의 혼인식," "대환란," "예수 그리스도의 재림"과 "아마겟돈 전쟁," "천년왕국," "곡과 마곡의 전쟁," 하늘과 땅이 불타 없어진 후에 있을 "백보좌 심판," "새 하늘과 새 땅의 창조," 그리스도인들의 영원한 거처인 "새 예루살렘의 도래" 등에 관한 "다가올 일들"을 예언의 책인 성경을 통해 아주 구체적으로 분명하게 알고 있으며, 자기가 알고 있는 미래의 역사를 직접 깨닫고 예언할 수 있다. 특히 "예수의 증거"를 가진 그리스도인들은 구원받은 자신뿐만 아니라 믿지 않는 자들이 죽은 뒤에 각각 어디로 가는지 알고 있으며 또한 "예언"할 수 있다! 이것은 "예언"이지 결코 "대언"이 아니다.

하나님의 나라 vs 하나님의 왕국 (롬 14:17)

<한글킹제임스성경>	<킹제임스흠정역>
하나님의 나라[the kingdom of God]는 먹고 마시는 것이 아니라 다만 성령 안에서 의와 화평과 기쁨이라.	하나님의 왕국은 먹는 것과 마시는 것이 아니요, 오직 성령님 안에서 의와 화평과 기쁨이니라.

성경에서 "천국"(the kingdom of heaven)은 가시적이고 물리적이며, "하나님의 나라"(the kingdom of God)는 영적이고 도덕적이다. 영어 성경에서의 "kingdom"은 "왕의 영토[king(왕) + dom(~의 영토)]"를 뜻하는 단어로 쓰였다. kingdom은 왕의 영토로서의 물리적인 "왕국"은 물론, "(학문 · 예술 활동 등의) 분야, 세계, 영역"이나 "(자연계를 3대로 구분한) 계(界)"의 의미를 더불어서 가지고 있다. 따라서 추상적인 "사랑의 세계"를 "the kingdom of love"라고 하는가 하면, 자연과학 분야에서 "동물[식물, 광물]계"를 "the animal[the plant, the mineral] kingdom"이라고 말한다. 영어 단어 "kingdom"은 물리적인 면은 물론, 추상적인 면까지 동시에 아우를 수 있는 단어인 것이다.

하지만 우리말 "왕국"은 그렇지 않다. "왕국"은 "군주국(君主國)을 통속적(通俗的)으로 일컫거나," "자기 마음대로 혼자서 휩쓸며 만족을 얻을 수 있는 상태나 영역을 비유하는" 말일 뿐이다. 이 "왕국"이 지상에 물리적으로 임하는 하늘의 왕국, 곧 "천국"에는 사용될 수 있어도, 영적이고 도덕적인 "the kingdom of

God"에는 사용하기가 부적절하다. 그래서 택할 수 있는 단어가 "나라"인데, "나라"는 정신적이거나 추상적인 용례로 사용이 가능하기 때문이다. 가령 "꿈나라," "동화나라" 같은 표현이 "나라"의 용례를 잘 보여 주는데, 이를 "꿈왕국," "동화왕국"이라 하면 어색하기가 그지없다. 또한 "동물의 왕국"이라 하면 아프리카 초원의 동물들이 떠오르지만 "동물나라"라고 하면 동화 속의 이야기가 절로 떠오른다. 그래서 "영적이고 도덕적인" "the kingdom of God"는 『**하나님의 나라**』라고 번역되어야 한다. 왜냐하면 그 하나님의 나라는 『**성령 안에서 의와 화평과 기쁨**』(롬 14:17)이기 때문이며, 가시적이고 물리적인 천국과 달리 『**하나님의 나라가 너희 안에 있기 때문**』(눅 17:21)이다. 정동수는 이러한 진리를 모르기에 『**하나님의 나라**』마저도 「하나님의 왕국」으로 변개시켜 버렸다. 그는 영어도 모르고 우리말도 모르는 철저한 무자격자인 것이다.

"침례 구원"을 가르치는 흠정역 (벧전 3:21)

<한글킹제임스성경>	<킹제임스흠정역>
물은 예수 그리스도의 부활하심으로 인하여 이제 우리를 구원하는 모형이니, 곧 침례라. (이것은 육체의 더러움을 제거하는 것이 아니라 하나님을 향한 선한 양심의 응답이라.)	그 일과 같은 모형 곧 침례가 예수 그리스도의 부활로 말미암아 이제 또한 우리를 구원하는데 (이것은 육체의 더러운 것을 제거하는 것이 아니요, 선한 양심이 하나님을 향하여 응답하는 것이니라.)

정동수가 하나님께서 들어 쓰신 번역자가 아니라는 점은 흠정역에 있는 "침례에 의한 구원" 교리에서 드러난다. 〈한글킹제임스성경〉의 베드로전서 3:21은 물침례를 단순히 『**예수 그리스도의 부활하심으로 인하여 이제 우리를 구원하는 모**

형』으로서 다루는 반면, 흠정역은 「침례가 예수 그리스도의 부활로 말미암아 이제 또한 우리를 구원」한다고 가르친다.

이와 같은 침례 구원론은 앞서 다룬 사도행전 2:38에서도 여실히 드러났는데 **『죄들을 사함받은 것으로 인하여 너희 각자는 예수 그리스도의 이름으로 침례를 받으라.』**(한글킹제임스성경)를 「너희 각 사람이 예수 그리스도의 이름으로 침례를 받아 죄들의 사면을 얻으라.」(흠정역)로 번역한 것이다. 이와 같은 "행위 구원"은 교회에 찾아온 구원받지 못한 죄인들을 지옥으로 쓸어 넣는 마귀의 교리이다. 흠정역의 번역자 정동수는 결코 하나님께서 들어 쓰신 번역자가 아닐 뿐만 아니라 마귀의 교리를 전파하는 사탄의 하수인이다.

흠정역의 기타 변개된 구절들

이는 너무 방대한 작업이기 때문에 성경 전체를 다룰 수 없고 신약성경에서 그 일부만 다루고자 한다.

1. 요한복음 14:2 - 많은 저택들

<한글킹제임스성경>	**<킹제임스흠정역>**
나의 아버지 집에는 많은 저택들[many mansions]이 있느니라. 그렇지 아니하면 내가 너희에게 말하였으리라. 나는 너희를 위하여 처소를 마련하러 가노라.	내 아버지 집에 거할 곳이 많도다. 그렇지 않으면 내가 너희에게 말해 주었으리라. 내가 너희를 위해 처소를 예비하러 가노니

흠정역은 『많은 저택들이 있느니라.』를 변개된 개역한글판성경전서나 개역개정판처럼 「거할 곳이 많도다.」로 변개시켰다. mansion이라는 단어에는 "거할

곳"이라는 의미가 없는데도 근거 없이 번역한 것이다.

2. 로마서 1:18 - 불경건

<한글킹제임스성경>	<킹제임스흠정역>
하나님의 진노가 불의 가운데서 진리를 붙잡는 사람들의 모든 불경건과 불의에 대하여 하늘로부터 계시되거니와	하나님의 진노가 불의 안에서 진리를 붙잡아 두는 사람들의 하나님을 따르지 않는 모든 것과 불의를 대적하여 하늘로부터 계시되었나니

경건(godliness)이란 하나님을 두려워함으로써 그분께 예배하는 것처럼 살아가는 믿음의 자세를 말한다. 세상적 가치관을 멀리함으로써 "하나님처럼 생각하고 하나님처럼 말하고 하나님처럼 반응하는" 것으로, 단순히 "하나님을 따르는" 것과는 다르다.

『**불경건**』을 「하나님을 따르지 않는」으로 바꾸어 표현한 것은 경건의 의미를 온전히 반영하지 못한 번역이 된다.

3. 로마서 3:3 – 하나님의 신실하심

<한글킹제임스성경>	<킹제임스흠정역>
어떤 자들이 믿지 아니하였다면 어찌하겠느냐? 그들의 믿지 아니함이 하나님의 신실하심을 무효화시키겠느냐?	그런데 어떤 자들이 믿지 아니하였으면 어찌하리요? 그들의 믿지 아니함이 하나님에 대한 믿음을 무효로 만들겠느냐?

『**하나님의 신실하심**[the faith of God]』은 이어지는 로마서 3:4에서 『**하나님은 참되시나**[let God be true]』로 설명되고 있다. 흠정역의 「하나님에 대한 믿음」은 이러한 문맥을 전혀 파악하지 못하고 영어에 대한 무지에 매몰된 분명한 오역이다.

4. 로마서 3:12 - 없도다

<한글킹제임스성경>	<킹제임스흠정역>
모두가 탈선하여 함께 무익하게 되었으며 선을 행하는 자가 없으니 없도다, 한 사람도 없도다.	그들이 다 길에서 벗어나 함께 무익하게 되고 선을 행하는 자가 없나니 단 한 사람도 없도다.
there is none that doeth good, no, not one	

흠정역은 밑줄 친 "no"(『**없도다**』)를 "삭제"하고 엉뚱하게 "단"이란 말로 대체해서 강조했다. 본문에는 영어의 부정어가 3개 나온다(none, no, not). 그러므로 번역도 3번의 부정적 뉘앙스를 따르는 것이 바른 번역이다.

5. 로마서 3:27 - 있을 수 없느니라

<한글킹제임스성경>	<킹제임스흠정역>
그러므로 자랑할 데가 어디 있느냐? 있을 수 없느니라[It is excluded]. 무슨 법으로냐? 행위의 법으로냐? 아니라. 오직 믿음의 법에 의해서니라.	그러면 자랑할 것이 어디 있느냐? 그것은 배제되었느니라. 무슨 법으로냐? 행위의 *법으로냐*? 아니라, 오직 믿음의 법으로니라.

영어 성경의 "excluded"라는 표현은 "가능성을 용납지 않는다"는 의미이다. exclude의 원뜻인 "배제하다. 제외시키다"만 가지고는 본문의 뜻을 살릴 수 없다. 인간이 행위로 의롭게 되어 그것을 자랑하는 일은 결코 있을 수 없다는 로마서 3:26,27의 문맥을 흠정역은 전혀 살리지 못했다.

6. 로마서 7:5 - 죄들의 정욕

<한글킹제임스성경>	<킹제임스흠정역>
이는 우리가 육신 안에 있었을 때에는 죄들의 정욕[the motion of sins]이 율법을 통하여 우리의 지체 속에서 역사하여 사망에 이르는 열매를 맺었으나	우리가 육신 안에 있었을 때에는 율법으로 말미암은 죄들의 활동이 우리 지체 안에서 일하여 사망에 이르는 열매를 맺게 하였으나

단순히 사전의 대표적 의미만으로 뜻을 옮기는 것은 바른 번역이라 할 수 없다. 영어 성경의 "motion"은 "움직임" 외에도 "내적 충동"의 뜻을 지닌 단어이다. 죄들이 육신 안에서 움직여 내적 충동을 일으킨다면 그것은 『**죄들의 정욕**』을 의미한다. 흠정역의 「죄들의 활동」은 "motion"의 기초적인 뜻에 머문 초급 수준의 번역이다.

7. 로마서 7:6 - 법문

<한글킹제임스성경>	<킹제임스흠정역>
이제는 우리가 붙잡혔던 것에서 죽었으므로 율법에서부터 구제되었음이니 우리가 영의 새로움으로 섬길 것이요, 법문[the letter]의 낡은 것으로 섬기지 아니할 것이라.	우리를 붙들던 것 안에서 죽었으므로 이제 우리가 율법에서 구출되었나니 이것은 우리가 영의 새로운 것 안에서 섬기고 글자의 낡은 것 안에서 섬기지 아니하게 하려 함이라.

법문(法文)은 "법령(法令)의 문장"을 의미한다. the letter는 "자구"(字句, 문자와 어구, words and phrases)를 뜻하기 때문에 "율법에서 명령으로 주어진 말씀"을 뜻하는 "법문"이 올바른 번역이 된다.

이러한 의미들을 이해하지 못하고 번역한 흠정역의 「글자」는 초급 수준의 해석에 불과하다.

7. 로마서 12:1 - 합당한 예배

<한글킹제임스성경>	<킹제임스흠정역>
그러므로 형제들아, 내가 하나님의 모든 자비하심으로 너희에게 권고하노니, 너희 몸을 하나님께서 기뻐하시는 거룩한 산 제물로 드리라. 이것이 너희가 드릴 합당한 예배[reasonable service]니라.	그러므로 형제들아, 내가 하나님의 긍휼에 힘입어 너희에게 간청하노니 너희는 너희 몸을 거룩하고 하나님께서 받으실 만한 살아 있는 희생물로 드리라. 그것이 너희의 합당한 섬김이니라.

그리스도인의 예배는 자신을 거룩한 산 제물로 드리는 일이다. 바로 이것을 설명하는 구절에서 『**합당한 예배**』가 「합당한 섬김」으로 바뀌어 있다. 흠정역은 그리스도인이 자신의 몸을 드리는 "헌신"이 그가 드릴 "예배"의 출발점이라는 진리를 가려 버렸다.

8. 로마서 12:8 - 성실함

<한글킹제임스성경>	**<킹제임스흠정역>**
또 권면하는 자는 권면하는 일로, 구제하는 자는 성실함[simplicity]으로, 지도하는 자는 근면함으로, 자비를 베푸는 자는 즐거움으로 할 것이니라.	권면하는 자는 권면하는 일로 섬기며, 주는 자는 단순함으로 그 일을 하고, 다스리는 자는 부지런함으로, 긍휼을 베푸는 자는 즐거움으로 할 것이니라.

번역에 있어서 형용사들의 용례를 잘 이해하고 있는 것은 그 문장의 뉘앙스를 살리는 데 매우 중요한 능력이다. 누군가를 구제하려면 "꾸밈없이 성실하게"(simple) 하라는 명령인데 흠정역은 "simple"이란 단어의 기본 뜻에 집착하여 로마서의 분문이 아무런 의미도 갖지 못하게 만들었다.

9. 로마서 16:2 - 후원자

<한글킹제임스성경>	**<킹제임스흠정역>**
그녀[페베]는 여러 사람과 또한 나 자신의 후원자[succourer]가 되었음이니라.	그녀가 많은 사람과 나의 구조자가 되었느니라.

영어 성경의 "succourer"는 "구제(원조)로 돕는 사람"을 뜻한다. 페베는 사도 바울을 재정적으로 돕는 후원자였다. 흠정역은 사도 바울이 페베 자매에 의해 "재난에서 구조된" 것처럼 만들었다.

10. 로마서 16:18 - 그럴듯한 언변

<한글킹제임스성경>	<킹제임스흠정역>
그러한 자들은 우리 주 예수 그리스도를 섬기는 것이 아니라 자기들의 배를 섬기는 것이니 정중한 말과 그럴듯한 언변[fair speeches]으로 순진한 사람들의 마음을 미혹하느니라.	그런 자들은 우리 주 예수 그리스도를 섬기지 아니하고 자기 배를 섬기며 좋은 말과 빼어난 말솜씨로 순진한 자들의 마음을 속이느니라.

뉘앙스를 잘못 이해하면 오히려 정반대의 뜻으로 번역될 수도 있다. 영어 성경의 "fair"는 "말"과 관련해서 "정중[공손]한, 말뿐인"의 뜻을 갖고 있다. 예를 들어 "fair words"는 "정중한 말"이나 "(비꼼) 듣기 좋은 말"이라는 의미로 쓰인다. 따라서 본문의 "fair speeches"는 『**그럴듯한 언변**』이 정확한 번역이며, 흠정역의 「빼어난 말솜씨」는 영어 단어 "fair"의 용례에 무지하여 만들어낸 오역이다.

11. 로마서 16:20 - 부수실 것이니라

<한글킹제임스성경>	<킹제임스흠정역>
평강의 하나님께서 사탄을 속히 너희의 발 아래서 부수실[bruise] 것이니라.	평강의 하나님께서 곧 사탄을 너희 발밑에서 상하게 하시리라.

영어 단어 "bruise"에는 "상하게 하다"와 "부수다, 으깨다"의 뜻이 있다. 본문은 재림 때에 예수 그리스도께서 사탄이 육화한 적그리스도의 머리를 부수실 것이라는 예언으로, 창세기 3:15의 예언과 정확히 일치한다. 『**내가 너와 여자 사이에, 또 네 씨와 그녀의 씨 사이에 적의를 두리니, 그녀의 씨는 너의 머리를 부술 것이요, 너는 그의 발꿈치를 부술 것이라.**』 적그리스도가 주 예수 그리스도께 머리가 부숴질 것이라는 점은 적그리스도의 예표가 되는 아비멜렉이 머리가 부서져 죽은 것으로도 알 수가 있다. 『**아비멜렉이 망대로 와서 그것을 치고**

불태우려고 망대의 문에 가까이 가니 어떤 여인이 맷돌 한 짝을 아비멜렉의 머리 위에 던져 그의 두개골을 깨뜨리니라』(판 9:52,53). 영어 단어 "bruise"를 단순히 "상하게 하다"로 번역한 흠정역은 재림 때에 있게 될 "적그리스도의 머리를 부수시는 강력한 심판"을 "과일을 상하게 하는" 정도의 심판으로 매우 약화시킨 것이다.

12. 로마서 16:23 - 나와 온 교회의 집주인

<한글킹제임스성경>	<킹제임스흠정역>
나와 온 교회의 집주인[mine host, and of the whole church]인 가이오가 너희에게 문안하고	나와 온 교회를 접대하는 자 가이오가 너희에게 문안하며

사도 바울 사역 당시에 "지역 교회"는 "특정 성도의 집"을 활용하는 형태였다. 흠정역은 『**집주인**』인 가이오의 "집"이 "교회"로 사용되었다는 점을 가렸다.

13. 고린도전서 15:23 - 첫열매들

<한글킹제임스성경>	<킹제임스흠정역>
그러나 각자 자기의 서열대로 되리니 그리스도가 첫열매들[the firstfruits]이요, 그 다음은 그리스도께서 오실 때 그분께 속한 사람들이라.	그러나 각 사람이 자기 차례대로 되리니 먼저는 첫 열매인 그리스도요, 그다음은 그리스도께서 오실 때에 그분께 속한 사람들이라.

부활의 서열을 다루는 본문은 『**그리스도가 첫열매들**[the firstfruits]』이라고 말씀한다. 왜냐하면 주님께서 부활하신 후에 함께 일어난 "많은 구약 성도들"이 있었기 때문이다(마 27:52,53). 흠정역의 번역자 정동수는 이 점에 무지하기 때문에 "the firstfruits"라는 복수형 명사를 의도적으로 「첫 열매」라고 단수형으로 번역해 버렸다.

14. 고린도후서 5:17 - 새로운 피조물

<한글킹제임스성경>	<킹제임스흠정역>
그러므로 누구든지 그리스도 안에 있으면 새로운 피조물[a new creature]이라. 옛 것들은 지나갔으니, 보라, 모든 것이 새롭게 되었도다.	그런즉 누구든지 그리스도 안에 있으면 그는 새로운 창조물이라. 옛 것들은 지나갔으니, 보라, 모든 것이 새롭게 되었도다.

영어 성경의 "creation"과 "creature"는 각각 "창조물"과 "피조물"로 번역되어야 한다. "피조물"(creature)은 본문에서 보듯 "거듭난 그리스도인"을 지칭하는 표현이다. 예수 그리스도께서는 『**모든 피조물의 첫태생**』(골 1:15)이라 불리시는데, 이는 주님께서 『**모든 피조물**』 곧 "성령으로 거듭난 모든 그리스도인들"보다도 먼저 성령으로 태어나신 "첫태생"이시기 때문이다. 『**이제 예수 그리스도의 탄생은 이러하니라. 그의 모친 마리아가 요셉과 정혼하였으나 동침하기 이전에 성령으로 잉태된 것이 그녀에게 나타났더라**』(마 1:18).

이러한 주님께서는 『**모든 피조물의 첫태생**』(골 1:15)이라 불리시는 것 말고도 『**많은 형제 가운데서 첫태생**』(롬 8:29)이라고도 불리시는데, 이는 『**모든 피조물의 첫태생**』(골 1:15)이라는 호칭과 동일한 의미이다. 이렇듯 성경에서 "창조물"과 "피조물"은 우리 주님과 관련하여, 또 그분의 형제들인 그리스도인들과 관련하여 엄연히 분리되어 번역되어야 함에도, 정동수는 "creature"를 「창조물」(롬 8:19,20,21, 고후 5:17, 흠정역)로, "creation"은 「창조 *세계*」(롬 8:22)로 오역함으로써 교리적 진리를 가려 버렸다. 흠정역은 "창조물"와 "피조물"의 차이도 구분하지 못하는 번역인 것이다.

15. 갈라디아서 4:27 - 홀로 사는 여인

<한글킹제임스성경>	<킹제임스흠정역>
이는 홀로 사는 여인[the desolate]의 자녀가 남편 있는 여인의 자녀보다 더 많음이라."고 하였으니	황폐한 자가 남편 있는 여자보다 더 많은 아이를 두느니라, 하였느니라.

영어 단어 "desolate"은 "(장소, 건물이) 황폐한, 인기척 없는," "(사람, 생활이) 고독한, 쓸쓸한"의 뜻을 가지고 있다. 그러므로 대상이 사람이냐 장소냐에 따라 달리 번역해야 한다. 흠정역은 쓸쓸하게 『**홀로 사는 여인**』을 「황폐한 자」라고 전혀 어울리지 않게 번역했다.

16. 갈라디아서 5:5 - 친절

<한글킹제임스성경>	<킹제임스흠정역>
그러나 성령의 열매는 사랑과 기쁨과 화평과 오래 참음과 친절[gentleness]과 선함과 믿음과	그러나 성령의 열매는 사랑과 기쁨과 화평과 오래 참음과 부드러움과 선함과 믿음과

갈라디아서 5:5,6에서 제시하는 성령의 아홉 가지 열매 가운데 『**친절**』은 영어로 "gentleness"이다. "gentleness"는 사람이 온화하며 친절하고 너그럽고 관대할 때 사용할 수 있는 단어이다. 단순히 「부드러움」이라고 하면 그 의미가 죽어버린다. 성령의 열매를 맺는 그리스도인은 "살결이 부드러워야" 된다는 얘기인가? 『**친절**』이라고 번역된 〈한글킹제임성경〉이 정확하다.

17. 빌립보서 3:20 - 시민권

<한글킹제임스성경>	<킹제임스흠정역>
우리의 시민권[conversation]은 하늘에 있으므로 우리가 그곳으로부터 오실 구주이신 주 예수 그리스도를 기다리고 있으니	우리의 생활 방식은 하늘에 있으며 거기로부터 또한 우리가 구원자 주 예수 그리스도를 기다리노니

영어 성경의 "conversation"은 신구약성경에서 총 20회 사용되었으며, 〈한글킹제임스성경〉에 "행실, 행위"(시 37:14; 50:23, 고후 1:12, 갈 1:13, 엡 2:3; 4:22, 빌 1:27, 딤전 4:12, 히 13:7, 약 3:13, 벧전 1:15,18; 2:12; 3:1,2,16, 벧후

2:7; 3:11), "시민권"(빌 3:20), "생활방식"(히 13:5)으로 번역되었다.

빌립보서 3:20의 "conversation"은 그 단어의 다른 용례들과 달리 헬라어 표준 원문에 "폴리튜마"(πολίτευμα)로 되어 있다. 〈킹제임스성경〉 번역자들이 "시민의 상태 또는 그 생활"을 뜻하는 "폴리튜마"를 (번역 당시) "행실, 친밀한 교제, 친숙함"을 뜻하던 "conversation"으로 번역한 이유는 "시민권"을 가진 사람은 "그가 속한 사회나 국가에 나름대로 정통하여 그곳에 어울리는 행실을 매우 잘 알고 있기" 때문이다.

"conversation"은 원래 "conversant"(정통한, 친교가 있는)에서 나온 단어로, "conversant"는 "어떤 일에 있어서 오르락내리락 하는 것"(going up and down in a thing)을 뜻한다. 말하자면 우리가 살고 있는 사회 이곳저곳을 "오르락내리락" 함으로써 그 사회에 "정통하고 친밀해져" 있는 것을 뜻하는 것이다. 그렇기에 "conversation"은 소속된 사회에 "정통한" 사람의 "폴리튜마"(시민권)를 영어 성경에 반영할 수 있는 단어로 선정된 것이며, 『**우리의 시민권은 하늘에 있으므로**』 우리 그리스도인들이 이곳 지상에서 갖는 생활 습관과 일상의 일들, 심지어 우리의 대화(conversation)까지도 하늘에 시민권을 가진 사람다워야 함을 알 수가 있다. 정동수는 바로 이 점을 몰랐기에 헬라어 표준 원문의 "폴리튜마"와 영어 〈킹제임스성경〉의 "conversation" 사이에 계시된 소중한 진리를 놓쳐 버리고 말았다.

18. 에베소서 4:16 - 체격이 형성되어

<한글킹제임스성경>	**<킹제임스흠정역>**
그로부터 온몸이 각 부분의 분량 안에서의 효과적인 역사를 따라 각 마디를 통하여 공급을 받아 알맞게 결합되고 체격이 형성되어[compacted] 몸을 성장시키며 사랑 안에서 몸 자체를 세워 나가느니라.	그분으로부터 온 몸이 각 부분의 분량 안에서의 효력 있는 일에 따라 모든 마디가 공급하는 것에 의해 꼭 맞게 함께 결합되고 들어차서 몸을 자라게 하여 사랑 안에서 스스로를 세우느니라.

본문과 관련하여 흠정역의 번역 질 자체가 떨어지지만 특히 「들어차서」라는 표현은 도통 무슨 뜻인지 알 수가 없다. 영어 성경의 해당 단어는 "compacted"로서, "꽉 찬, (체격이) 탄탄해진"이라는 뜻으로, 〈한글킹제임스성경〉처럼 『**체격이 형성되어**』라고 번역해야만 그리스도의 "몸"과 관련하여 우리말답고 의미가 쉽게 들어오게 된다.

19. 히브리서 9:15 - 새 언약

<한글킹제임스성경>	<킹제임스흠정역>
이런 연유로 그는 새 언약[the new testament]의 중보자이시니, 이는 첫 언약[the first testament]때에 범죄한 것들을 구속하시려고 죽으심으로써 부르심을 받은 자들로 그 영원한 유업의 약속을 받게 하시려는 것이라.	이런 까닭에 그분께서는 새 상속 언약의 중재자이시니 이것은 첫 상속 언약 아래 있던 범법들을 구속하시려고 죽으심으로써 부르심을 받은 자들이 영원한 상속 유업의 약속을 받게 하려 하심이라.

"새 언약"(신약)은 예수 그리스도께서 "십자가에 죽으시기" 전에 남기신 말씀, 곧 "유언"(testament)을 통해 체결된 것이기에 영어 성경에서는 "the new testament"로 표기한다. 『**이는 이것이 죄들을 사하심으로 인하여 많은 사람을 위해 흘리는 나의 새 언약의 피이기 때문이라**』(마 26:28). 구약(Old Testament)은 짐승의 "죽음"과 관련이 있고, 신약(New Testament)은 예수 그리스도의 "죽음"과 관련이 있다. 주님께서 자신의 죽음을 통해 보장하신 생명을 다루는 언약이 "새 언약," 곧 "the new testament"인 것이다. 하지만 흠정역은 "testament"라는 단어에 없는 "상속"이라는 개념을 임의로 첨가하여 「새 상속 언약」(마 26:28, 막 14:24, 눅 22:20, 고전 11:25, 고후 3:6 등)이라고 변개했다. 심지어 사도 요한이 셋째 하늘에서 보았던 언약궤(the ark of his testament)마저도 「상속 언약 궤」라고 번역했다. 「하늘에 있는 하나님의 성전이 열렸는데 그분의 성전 안에 그분의 상속 언약 궤가 보이며 또 번개들과 음성들과 천둥들과 지진

과 큰 우박이 있더라』(계 11:19, 흠정역). "언약궤"라고 읽으면 될 것을 "상속 언약궤"라고 했으니 이를 읽는 사람들이 무슨 말인지 알 수 있겠는가?

20. 요한계시록 14:4 - 동정들

<한글킹제임스성경>	<킹제임스흠정역>
이들은 여자들과 더불어 더럽혀지지 아니한 자들이니 이는 그들이 동정들임이라. 이들은 어린양이 어디로 가든지 따라가는 자들로 하나님과 어린양께 첫열매들이 되어 사람들 가운데서 구속을 받았느니라.	이들은 여자들과 더불어 자신을 더럽히지 않은 자들이니 그들은 처녀들이니라. 이들은 어린양께서 가시는 대로 그분을 따라가는 자들이며 사람들 가운데서 구속을 받아 하나님과 어린양께 첫 열매가 된 자들이더라.

흠정역은 144,000명의 유대인 환란성도들이 『**여자들과 더불어 더럽혀지지 아니한**』 "남자 동정들"임에도 「여자들과 더불어 자신을 더럽히지 않은... 처녀들」이라고 번역했다. 이 점은 번역자인 정동수에게 번역자로서의 기본이 갖춰져 있지 않음을 의미하는데, 이는 영어 단어 "virgin"가 "처녀, 동정(童貞)의 남자"를 의미하기 때문이다. 144,000명의 유대인 환란성도들이 "여자들과 더불어 더럽혀지지 않았다면" 그들을 당연히 "남성"으로 보고서 "처녀들"이 아닌 "동정들"로 번역함으로써 본문을 읽는 성경 독자들이 144,000명을 "여자를 모르는 남자 동정들"로서 읽도록 해야 한다. 흠정역의 엉터리 번역으로는 144,000명의 유대인 환란성도들의 성별이 남성임을 알아낼 수가 없다.

■ 새롭게 깨달았거나 적용할 내용이 있다면 적어 보세요. ■

NOTES

제8과

한글킹제임스성경이 우수한 이유

『오 **주**여, 주께서 이 말씀들을 간수하시리니 주께서 이 세대로부터 영원토록 그것들을 보존하시리이다』(시 12:7).

성경의 언어

『그러므로 그것의 이름을 바벨이라 불렀으니, 이는 **주**께서 거기에서 온 땅의 언어를 혼란케 하셨음이라. 주께서는 거기서부터 그들을 온 지면에 멀리 흩으셨더라』(창 11:9).

성경을 기록하고 번역하는 것과 관련해서 중요한 언어들은 "히브리어"와 "헬라어"이다. "히브리어"는 에스라서와 다니엘서 일부를 제외하고 모든 구약성경을 기록하는 데 사용되었고, "헬라어"는 신약성경을 기록하는 데 사용되었다. 성경이 번역될 때는 라틴어와 시리아어, 독일어, 영어 등이 주요한 언어로 사용되었는데, 하나님의 말씀을 기록하고 번역하는 데 사용된 언어에 대해 성경은 다음과 같이 말씀하고 있다. 『**온 땅에 하나의 언어와 하나의 말만 있더라... 주께서 말씀하시기를 "보라, 백성이 하나요 그들 모두가 한 언어를 가졌기에 이런 일을 시작하였으니, 이제는 그들이 하기로 구상한 일은 아무것도 막을 수 없을 것이라. 가자, 우리가 내려가서 거기에서 그들의 언어를 혼란시켜 그들이 서로의 말을 알아듣지 못하게 하자." 하시고 주께서 그들을 그곳에서 온 지면에다 멀리 흩으시니, 그들이 도성을 짓는 것을 그쳤더라. 그러므로 그것의 이름을 바벨이라 불렀으니, 이는 주께서 거기에서 온 땅의 언어를 혼란케 하셨음이라. 주께서는 거기서부터 그들을 온 지면에 멀리 흩으셨더라**』(창 11:1,6-9). 성경은 최초에 하나의 언어(one language : written language)와 하나의 말(one speech : spoken language)만이 있었음을 알려 주는데, 이 하나의 언어는 『**순수한 언어**』(습 3:9)인 "히브리어"이다(행 26:14, 계 19:1-4).

하나님께서는 창세기 11장 당시에 하나님을 대적하는 죄를 근절하시기 위해 언어를 나누어 혼란케 하셨다. 그리하여 인류가 온 세상의 각기 다른 곳으로 흩어진 것이다(창 11:7,8). 흩어진 사람들은 그들의 언어를 중심으로 모이게 되었고, "언어를 기준으로" 각기 다른 민족이나 나라로 불리게 되었다.

히브리어는 유대인의 언어로서 그들의 "종교언어"의 위치를 지속적으로 유지한다. 시리아어는 주님과 제자들이 사용했던 일상적인 언어로서 신약성경의 여러 단어나 구절에서 사용되었다(게바, 마란아다, 탈리다쿠미, "엘로이, 엘로이, 라마 사박타니" 등). 그러나 신약성경은 헬라어로 기록되었다. 특히 예수님 당시에 사용되던 "코이네(Koine) 헬라어"로 기록되었으며 이것이 비잔틴 제국 기간을 거쳐 보존되었다. 사도 바울이 갈라디아서 4:4에서 『**그 때가 차니 하나님께서 자기 아들을 보내시어 여자에게서 나게 하시고 율법 아래 나게 하신 것은**』이라고 기록한 것처럼 예수님의 첫 번째 오심은 하나님의 섭리적인 계획에 따라 가장 적합한 시기였으며, 또한 언어적으로도 당시의 헬라어는 성경의 기록과 전파에 가장 적합한 여건을 갖추고 있었다. 이는 하나님의 섭리적 역사를 볼 수 있는 예이다.

헬라어와 함께 신약성경 시대에 사용된 언어는 라틴어이다. 예수 그리스도의 십자가에 죄명을 기록했던 명패에 히브리어, 헬라어, 라틴어, 이 세 언어들이 모두 기록되었다(눅 23:38, 요 19:20). 히브리어는 언약의 민족에게 하나님의 법을 주신 유대인의 종교적인 언어이며, 헬라어는 소위 문학과 지식과 인간의 지혜를 대표한다는 사람들의 일상적인 언어였고, 라틴어는 세상 제국의 권력과 정복, 군사 및 정치를 대표하는 로마의 공식적인 언어였다.

하나님께서는 인간에게 언어를 주셨고, 그것으로 의사소통을 하게 하셨다. 물론 언어는 하나님과 사람 사이에 소통하는 데도 필수적이다. 그 언어로 아담은 모든 생물의 이름을 지었으며(창 2:19), 이브뿐 아니라 하나님과도 대화했다(창 3:9-13). 아담으로부터 지금에 이르기까지 하나님께서 사용하신 언어는 하나님과 인간이 "서로를 이해할 수 있는" 도구였다. 그렇기에 성경은 "인간의 언어"로 주어진 것이다. 이것은 비단 "최초의 원본"에만 국한되는 것이 아니다. 히브리어와 헬라어만이 하나님께서 사용하신 언어가 아니다. 언어를 혼란케 하심으로써 인류를 흩어져 살게 하신 후 하나님께서는 인류가 그분을 찾게 하셨다. 『**또 하나님께서는 인류의 모든 족속을 한 피로 만드시어 온 지면에 살게 하시고 미리 계획하신 시기와 그들이 거주하는 경계를 정하셨으니 이는 주를 찾게 하려 함이라. 사람들이 하나님을 감지하려 하면 만나리니 그분은 우리 각 사람에게서 멀리 떨어져 계시지 아니하도다**』(행 17:26,27). **하나님께서는 인류의 모든 족속이 그분을 찾는 일에 "언어"를 사용하셨으며, 히브리어와 헬라어 외에 시리아어, 라틴어, 고트어, 이집트어, 에디오피아어, 아르메니아어, 그루지아어, 독일어, 영어, 불어, 스페인어, 한국어 등 지구상의 많은 언어로 "성경"을 주셨다**. 최초의 기록에 사용된 언어는 물론, 번역본 역시 하나님의 계획과 목적을 기록하고, 성경을 주신 목적에 합당하게 사용되고 있다. 우리는 하나님께서 우리를 사랑하신다는 증거를 우리가 "읽고, 이해할 수 있는 쉬운 언어로" 성경을, 곧 〈한글킹제임스성경〉을 주셨다는 사실에서 다시 한번 확인하게 된다.

■ 새롭게 깨달았거나 적용할 내용이 있다면 적어 보세요. ■

성경 보존의 역사

『주의 말씀들은 순수한 말씀들이라. 흙 도가니에서 단련되어 일곱 번 정화된 은 같도다. 오 주여, 주께서 이 말씀들을 간수하시리니 주께서 이 세대로부터 영원토록 그것들을 보존하시리이다』(시 12:6,7).

구약성경은 북이스라엘과 남유다가 멸망하고 포로로 잡혀가는 역사가 있었지만, 창세기부터 말라키까지의 올바른 히브리어 본문이 레위인들에 의해 온전히 보존되었다(말 2:7). A.D. 70년 이후에는 모세 벤 아셰르 같은 "마소라들"(Masoretes, 전통주의자들)에 의해 〈마소라 원문, the Masoretic Text〉이 보존되어 전수되었고, 히메네스가 편집한 "콤플루텐시안 폴리글롯"의 히브리어 원문과 "야곱 벤 하임의 마소라 원문"(1524-1525)을 통해 보존된 올바른 구약성경의 맥이 이어져 1611년 판 〈킹제임스성경〉의 "구약"으로 그 결실을 보았다.

신약성경은 『그리스도인』(행 11:26)이라는 이름이 처음으로 불리기 시작한 시리아의 안티옥을 기점으로 소아시아와 지중해 연안 지방으로 확산되어 갔다. 신약성경의 보존은 바로 이 시리아의 안티옥에서 이루어졌는데, 안티옥은 성경 필사본들의 보존과 깊은 관계가 있다. 하나님께서는 안티옥에서 사역하던 바나바와 바울을 부르셔서 선교지로 파송하셨다(행 13:1-4). 성경에서 안티옥 교회는 하나님의 말씀을 전파하는 교회였으며(행 11:20,23), 말씀을 증거하는 교회요(행 11:21,24), 말씀을 가르치는 교회였다(행 11:26; 13:1). 그리스도인들이 예수 그리스도의 이름으로 모여 예배할 뿐만 아니라 구제하는 교회였으며(행 11:29,30), 기도하는 교회요(행 13:2,3), 선교하는 교회였다(행 13:3,4). 바로 이와 같은 교회가 있던 시리아의 안티옥에서 바른 하나님의 말씀들이 필사되어 나갔던 것이다.

그 뒤 하나님의 말씀은 콘스탄티노플을 거쳐 독일과 영국 등지로 전해졌는데, 이러한 과정에서 변개되지 않고 잘 보존되었다. 이 신약성경은 전통원문, 비잔틴 본문, 다수 본문 등으로 불렸고, 에라스무스(1516,1535), 스테파누스(1550,1551), 베자(1598), 엘지버 형제(1633) 등에 의해 헬라어 〈표준 원문, Textus Receptus〉으로 편집, 출간되었다. 그렇게 보존된 원문에서 1384년 〈위클리프 성경〉, 1525년 〈틴데일 성경〉, 1539년 〈그레이트 성경〉, 1560년 〈제네바 성경〉, 1602년 〈비숍 성경〉, 1611년 〈킹제임스성경〉 등의 영어 성경이 번역되었으며, 동일한 원문에서 프랑스어 〈올리베탄 성경〉, 독일어 〈루터 성경〉, 이탈리아어 〈디오다티 성경〉, 스페인어 〈레이나 발레라 성경〉 등 세계 주요 언어들로 바른 성경이 번역되었다. 이렇게 섭리로 보존된 성경들과 일치하는 우리말 성경은 1994년에 출간된 〈한글킹제임스성경〉이며, 바로 이 성경이 우리말로 번역된 가장 "정확"하고 가장 "권위" 있는 성경이다.

예수님께서는 하늘과 땅은 없어져도 주님의 말씀은 결코 없어지지 않는다고 단언하셨다(마 24:35). 〈한글킹제임스성경〉은 히브리어 〈마소라 원문, Masoretic Text〉, 헬라어 〈표준 원문, Textus Receptus〉, 독일어 〈루터 성경〉, 프랑스어 〈올리베탄 성경〉, 스페인어 〈레이나 발레라 성경〉, 이탈리아어 〈디오다티 성경〉, 영어 〈킹제임스성경〉과 같은 맥을 유지하는 섭리로 보존된 성경이다. 그 중에서도 영어 〈킹제임스성경〉은 1611년에 출간된 이후 전 세계에서 가장 완벽한 성경으로 입증되어 온 최고의 성경이며, 거기서 세계의 약 800개의 다른 언어들로 번역되었다. 〈한글킹제임스성경〉도 영어 〈킹제임스성경〉으로부터 번역되었고, 구약의 어휘들은 히브리어 〈마소라 원문〉으로, 신약의 어휘들은 헬라어 〈표준 원문〉으로 대조하여 조화를 이루었다. 〈한글킹제임스성경〉은 1994년 4월 12일에 출간되어 현재에 이르고 있으며(25만 권 이상 보급됨), 이 땅에서 분별력 있는 그리스도인들에게 우리말로 번역된 가장 "정확"하고 가장 "권위" 있는 성경으로 인정받고 있다. 하나님께서 우리 민족에게 주신 유일한 한글 성경은 다름 아닌 〈한글킹제임스성경〉이다. 하나님께서 보존하신 "한 가지 성경"과 변개된 성경들은 그 역사부터 다르다. (18쪽 도표 참고)

〈한글킹제임스성경〉이 우수한 이유

『이와 같이 좋은 나무마다 좋은 열매를 맺고, 나쁜 나무는 나쁜 열매를 맺느니라. 좋은 나무가 나쁜 열매를 맺을 수 없으며, 나쁜 나무가 좋은 열매를 맺을 수 없느니라... 그러므로 너희는 그들의 열매로 그들을 알게 되리라』(마 7:17,18,20).

"이 성경이 나옴으로 해서 지금까지 〈킹제임스성경〉을 인용하여 기록된 수많은 문헌들이 제한받지 않고 번역되고 출판될 수 있게 되어 얼마나 감사한지 모른다. 이런 책들이 나와서 성도들의 손에서 읽혀질 때, 자유주의 신앙도 사라지게 되고, 거짓 목사, 학자들도 그 정체가 드러나게 되어, 비로소 이 땅에 그렇게 바랐던 참다운 개혁의 물결이 일 것이며, 성경대로 믿는 사람들이 늘어나서 주님의 재림을 고대하게 될 것이다." - 〈한글킹제임스성경〉 서문 중에서

첫째, 〈한글킹제임스성경〉은 하나님께서 보존하시겠다고 약속하신 바로 그 말씀이기 때문이다. 『**주**의 말씀들은 순수한 말씀들이라. 흙 도가니에서 단련되어 일곱 번 정화된 은 같도다. 오 **주**여, 주께서 이 말씀들을 간수하시리니 주께서 이 세대로부터 영원토록 그것들을 보존하시리이다』(시 12:6,7). 전능하신

하나님께서는 친히 기록하셔서 인류에게 주신 그 성경을 완벽하게 보존하시되 영원히 보존하시겠다고 말씀하셨다. 하나님께서는 그분의 모든 말씀들을 일점 일획도 잃어버리시지 않고 온전히 지켜 내셨다. 하나님께서 섭리로 보존하신 올바른 원문에서 번역된 〈한글킹제임스성경〉은 삭제되거나 첨가된 구절이 없으며, "(없음)"이란 구절이 전혀 없다. 〈한글킹제임스성경〉은 종교개혁과 대각성 운동을 낳은 독일의 〈루터 성경〉과 영어 〈킹제임스성경〉의 맥을 잇는 성경이며, 우리말로 번역된 가장 정확하고 가장 권위가 있는 성경이다.

둘째, 하나님께서 보존하신 말씀을 번역하기 위해 사용하신 번역자의 신실함 때문이다. 〈한글킹제임스성경〉의 번역자인 이송오 목사는 그가 다닌 근본주의 침례대학의 교회사 수업 시간에 "불결한 손길이 하나님의 말씀을 훼손시켰다"는 내용을 공부하면서 "심장이 예리한 칼로 잘려 나가는 것 같은 고통을 느꼈다"고 했다. 하나님께서는 이와 같은 이송오 목사의 영을 움직이시어 〈한글킹제임스성경〉을 번역하게 하셨고, 이 목사는 성경적 교리를 믿고 가르치는 "성경대로 믿고 실행하는 목사"로서 하나님의 말씀을 우리말로 "정직하게" 번역했다.

셋째, 〈한글킹제임스성경〉은 주 예수 그리스도를 그분의 탁월한 지위로 높여 주기 때문이다. 하지만 변개된 성경들은 하나같이 "예수 그리스도의 신성"을 공격하고 있다(단 3:25, 슥 12:10, 눅 2:33,43, 요 1:18; 3:13; 6:69, 골 1:15, 딤전 3:16, 요일 4:3 등).

넷째, 〈한글킹제임스성경〉은 한글을 모국어로 사용하는 사람들의 "수용언어"로 자연스럽게 번역되었기 때문이다. 일례로, 표준역은 "그리고 땅은 형체가 없고... 그리고 하나님의 영께서... 그리고 하나님께서... 그리고 하나님께서...그리고 하나님께서... 그리고 하나님께서... 그리고 하나님께서... 그리고 하나님께서... 그리고 하나님께서... 그리고 하나님께서... 그리고 하나님께서... 그리고 땅이 풀과... 그리고 그 저녁과 아침이... 그리고 하나님께서... 그리고 그것들이... 그리고 하나님께서... 그리고 하나님께서... 그리고 그 저녁과 아침이... 그리고 하나님께서... 그리고 하나님께서... 그리고 하나님께서... 그리고 그 저녁과 아침이..."(창 1:2-23)와 같은 식으로 번역했는데, 이와 같은 기술법은 결코 한글을 모국어로 사용하는 사람들의 표현법이 아니다. 마치 초등학교 1학년에 들어간 아이가 난생 처음 작문 연습을 할 때 쓰는 것과 같은데, 그와 같은 번역은 성령님께서 들어 쓰셨다는 증거가 될 수 없다.

그러나 〈한글킹제임스성경〉은 영어와 우리말을 일대일로 대응시켜 번역하는 데 급급한 흠정역, 표준역과 달리, 어떻게 하면 한글을 모국어로 사용하는 그리스도인들에게 참된 하나님의 말씀을 전달할까 하는 다음과 같은 고민 속에서 탄생하였다.

「이 성경을 번역하게 된 것은 우리 민족에게 참다운 하나님의 말씀이 있게 하자는 단 한 가지 목적을 위해서이다. 1988년 사복음서를 〈새성경〉이란 이름으로 출간한 이래 1990년 신약성경을 출간했고, 1994년에 신구약 성경전서인 〈한글킹제임스성경〉이 출간되기에 이른 것이다.

구약의 번역은 처음부터 히브리어 마소라 원문을 영어로 온전히 전수한 〈킹제임스성경〉에서 번역하였고, 신약은 처음에 헬라어 표준 원문에서 직역했으며, 〈킹제임스성경〉과 대조하여 〈킹제임스성경〉에 철저하게 어휘를 맞추었고, 구약의 어휘는 히브리어 마소라 원문과 비교, 투영시킴으로써 히브리어, 헬라어, 영어를 한글로 번역하는 데 불가피하게 생길 수 있는 언어의 간격을 좁히려고 노력하였다. 또한 굳이 번역의 원칙이라고 내세워 틀을 먼저 짜놓고 끼워 넣는 식의 번역을 탈피하였고, 표현기법에 있어서 이전 것보다 더 낫다고 판단되면 과감하게 선택하였다. 〈개역한글판성경〉으로 익숙해져 버린 문화적 및 전통적

통념을 의식하지 않으려고 노력했으며, 성구사전(Young's Concordance)의 어휘만을 획일적으로 따르지 않고 오히려 본 성경의 어휘로 새로운 성구사전을 만든다는 자세로 어휘의 통일성과 더불어 의미의 전달에도 중점을 두었다」(〈한글킹제임스성경〉 서문 중에서).

다섯째, 〈한글킹제임스성경〉은 현 교회 시대에 은혜의 복음을 정확하게 전파하는 성경이기 때문이다. 〈한글킹제임스성경〉은 "예수 그리스도의 보혈을 통하여"(골 1:14) 받는 구원을 가르친다. 변개된 성경들의 베드로전서 2:2처럼 "점진적 구원"이나 흠정역의 베드로전서 3:21처럼 침례에 의한 구원을 가르치지 않는다.

여섯째, 〈한글킹제임스성경〉은 주 예수 그리스도께서 부활하여 승천하신 뒤 장차 재림하실 것을 가르치는 성경이기 때문이다. 주님께서는 성령님에 의하여 살림을 받으신(벧전 3:18) 뒤 하늘로 올라가셨으며(눅 24:51), 또 앞으로 오셔서(계 11:17) 영광스럽게 나타나실(딛 2:13) 것이다. 변개된 성경들에는 이와 같은 진리들이 모두 가려져 있다.

일곱째, 〈한글킹제임스성경〉이 낳은 수많은 열매들 때문이다. 〈한글킹제임스성경〉은 지난 30년 동안 맺어 온 열매들로 그 순수한 생명에서 나오는 놀라운 능력을 입증했다. 〈한글킹제임스성경〉은 2024년 4월 현재까지 **총 72판**을 **25만 권** 넘게 보급되었으며, 그 진리의 말씀을 알아본 성도들이 말씀을 중심으로 자연스럽게 모임을 결성함으로써 하나님께 예배하고 세상에 복음을 전파하는 성경대로 믿는 신약 지역 교회, 곧 "**성경침례교회**"가 자생하게 되었다. 이 "성경침례교회"는 모든 성도가 〈한글킹제임스성경〉을 공부하고 주 예수 그리스도를 알아가며 복음을 전파함으로써 주 예수 그리스도의 재림을 대비하는 교회이다. 매주 토요일이면 자발적으로 거리로 나가 복음을 설교하고 "구령"함으로써 한 달에 약 1,500명 이상의 잃어버린 혼들을 〈한글킹제임스성경〉의 말씀들로 그리스도께 이겨온다. 170억 원 상당의 교회 건물을 지으면서도 성도들에게서 건축 헌금 한 푼 걷지 않았으며, 매년 2회 실시하는 "복음전도집회"를 통해 복음과 성경과 교회를 알림으로써 참된 신약 교회의 모델로서의 역사를 써 나가고 있다.

또한 성경의 저자이신 성령님께서는 〈한글킹제임스성경〉을 통해 "말씀보존학회"를 설립하셨고, 현재까지 281종의 "바른 교리"의 서적들을 출간하여 국내와 해외에 보급해 오셨다. 말씀보존학회에서 출간한 월간 〈성경대로믿는사람들〉은 "신학과 교리의 교통정리자"가 되어 1992년 3월 창간된 이래 현재까지 385호를 출간함으로써 비성경적인 교단 교리에 매몰된 한국 교회를 바로잡고 있다. 또 계간 〈그날의 양식〉은 2011년 9월 창간호를 시작으로 현재까지 51호가 발행되었으며, 일상에서 포착된 장면들을 말씀에 투영하여 인생의 문제들에 대한 성경적 해답을 제시하는 "인생의 교통정리자"로서의 역할을 담당하고 있다.

〈한글킹제임스성경〉을 통해 설립된 "킹제임스성경신학교"는 1991년에 세워진 이래로 이 땅에 올바른 성경적 지식을 정착시키고 신실한 하나님의 일꾼들을 양성하는 데 총력을 기울이고 있다. 온 · 오프라인 강좌를 개설하여 인문학에 오염된 비성경적 교단 신학이 아닌 성경 각 책에 관한 깊이 있는 강의들과 실전에 능하게 하는 설교 실습을 거쳐 양성된 일꾼들이 현재까지 국내에 10개의 지역 교회들을 설립하는 데 쓰임받았고, 제주, 안동, 대구에 지역 모임이 결성된 상태이다. 호주 시드니에도 Sydney Bible Baptist Church가 있다. 이것은 마귀의 공격에 쓰러지지 않고 남아 있는 교회들을 뜻하며, 앞으로 30개의 지역 교회를 세움으로써 바른 말씀을 믿고 있으면서도 교제하고 예배드릴 교회가 없어 안타까워하는 그리스도인들을 결집시킬 것이다. 킹제임스성경신학교 졸업생들은 목회자의 길이 아니더라도 각자가 〈한글킹제임스성경〉을 들고서 거리에서 구령하고 설교하며, 책을 번역하거나 글을 씀으로써 한국식 기독교계를 바로잡는 데 기여하고 있다.

하나님께서는 〈한글킹제임스성경〉을 통해 "서울크리스찬중고등학교"를 세우셨다. 공교육의 폐해로부터 그리스도인 학생들을 보호하기 위해 2003년 설립되었으며, 〈한글킹제임스성경〉을 믿음과 실행의 최종권위로 삼고 믿음과 실력을 겸비한 인재를 양성하고 있으며, 하나님을 첫째로 사랑하고 하나님만을 두려워하는 일꾼들을 미래 사회가 요구하는 리더로서 길러내고 있다. 또한 초등학교에 진학하기 전에 다닐 수 있는 "솔로몬 놀이학교"는 "그리스도인 유아들"의 마음에 예수님을 향한 사랑을 심어 주고 있다.

하나님께서는 〈한글킹제임스성경〉을 통해 지난 2018년 "서울솔로몬학교 성경연수원"을 설립하셨으며, "단기성경연수 과정"과 "주일학교 성경교사 자격증 과정"에서 4,000명 이상의 수료자들이 배출되게 하셨다. 킹제임스성경신학교의 교수진이 수준 높은 성경 공부 교재로 신구약 성경 과목들과 다양한 주제에 대해 집중적으로 가르침으로써 하나님의 유능한 인재들을 양성하고 있다. 또한 성경침례교회에서 자체 제작한 "복음과 진리를 전하는 방송 KBBS"는 2023년 4월 12일에 첫 방송을 시작한 뒤로 이 땅 전역에 복음과 진리의 말씀을 24시간 동안 실시간으로 전파하고 있다. 바른 말씀인 〈한글킹제임스성경〉에 기초한 성경적이고 유익한 프로그램들로 구성되어 죄인들이 구원받고, 거듭난 그리스도인들이 진리에 눈을 뜨도록 지금 이 시간에도 방송 중이다. 그뿐 아니라 금년 2월에 출범한 "대학생성경선교단(UBMA, University Bible Missionary Army)" 사역은 대학생 그리스도인들을 국내 및 해외 선교를 위한 젊은 일꾼들로 양성할 포부를 품은 새로운 사역이다. 또한 경기도 강화군에 위치한 "한글킹제임스성경 전시관"은 이송오 목사의 사역과 〈한글킹제임스성경〉의 열매들을 기념하고 있다.

위와 같은 다채롭고 놀라운 열매들은 모두 〈한글킹제임스성경〉을 통해서 맺

혀졌다. 이송오 목사의 표현에 따르면 "**아무도 흉내 낼 수 없고, 아무도 따라올 수 없는 사역**"이다. 〈한글킹제임스성경〉이 번역되지 않았다면 결코 맺힐 수 없는 열매들인 것이다. 바른 성경에 계시된 바른 교리와 바른 신앙, 모든 판단과 실행의 기준들이 그 말씀을 믿는 이송오 목사와 성도들을 움직여서 이룬 결과임을 잊지 말아야 한다.

■ 새롭게 깨달았거나 적용할 내용이 있다면 적어 보세요. ■

NOTES

NOTES

<추 천 도 서>

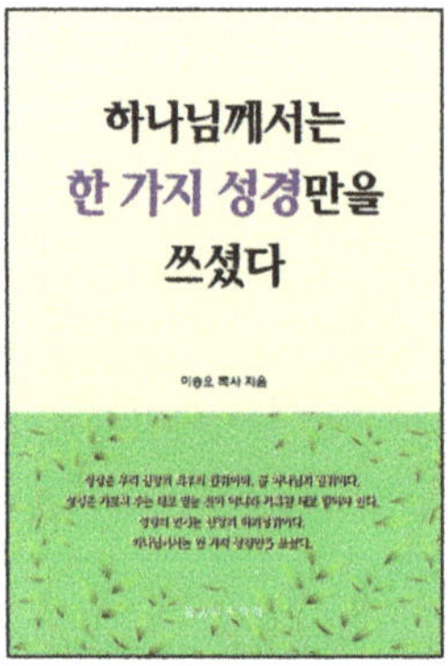

하나님께서는 한 가지 성경만을 쓰셨다

이송오 지음 / 288쪽

8,000원(eBook 5,600원)

본서는 하나님께서 자신의 말씀을 섭리적으로 보존하심을 설명한다.

현저한 차이

이송오 지음 / 208쪽

7,000원(eBook 4,900원)

이 책은 〈한글킹제임스성경〉과 〈개역성경〉을 비교함으로써 하나님의 바른 말씀과 사탄의 변개와 오역을 알려준다.

킹제임스성경에 감추어진 심오한 진리들

피터 럭크만 지음 / 160쪽

6,000원(eBook 3,900원)

본서는 "감추어진 진리들"이라는 주제로 약 200구절 정도를 다루고 있다.

킹제임스성경의 번역자들

알렉산더 맥클루어 지음 / 216쪽 / 14,000원

본서는 킹제임스성경까지의 간략한 번역사와 킹제임스성경의 번역자들에 관한 정보를 우리에게 알려주고 있다.

솔로몬 성경공부 시리즈

바른 성경 바른 교리

초판인쇄 2024년 4월 11일
초판발행 2024년 4월 12일
지 은 이 / 편 집 부
발 행 인 / 박 승 용
발 행 처 / 말씀보존학회
출판등록 / 제409-2022-000036호
주 소 / 서울 강서우체국 사서함 제90호
전 화 / (02) 2665 - 3743
팩 스 / (02) 2665 - 3302
인 터 넷 / www.biblemaster.co.kr

값 20,000 원